CB058382

SÉRIE TEORIA E PRÁTICA DAS ARTES VISUAIS

inter
saberes

Material didático: criação, mediação e ação educativa
Denise Bandeira

2ª edição

inter saberes

Rua Clara Vendramin, 58 · Mossunguê · CEP 81200-170 · Curitiba · PR · Brasil
Fone: (41) 2106-4170 · www.intersaberes.com · editora@intersaberes.com

Conselho editorial
Dr. Alexandre Coutinho Pagliarini
Drª Elena Godoy
Dr. Neri dos Santos
Mª Maria Lúcia Prado Sabatella

Editora-chefe
Lindsay Azambuja

Gerente editorial
Ariadne Nunes Wenger

Assistente editorial
Daniela Viroli Pereira Pinto

Edição de texto
Monique Francis Fagundes Gonçalves

Capa
Cynthia Burmester do Amaral
Laís Galvão dos Santos (*design*)
Sílvio Gabriel Spannenberg (*adaptação*)
schankz/Shutterstock (imagens)

Projeto gráfico
Conduta Design (*design*)
Rawpixel.com/Shutterstock (imagem)

Diagramação
Roberto Querido

Iconografia
Regina Claudia Cruz Prestes

Dados Internacionais de Catalogação na Publicação (CIP)
(Câmara Brasileira do Livro, SP, Brasil)

Bandeira, Denise
  Material didático : criação, mediação e ação educativa / Denise Bandeira. -- 2. ed. -- Curitiba, PR : Editora Intersaberes, 2023. -- (Série teoria e prática das artes visuais)

  Bibliografia.
  ISBN 978-85-227-0461-3

  1. Artes - Estudo e ensino 2. Artes visuais 3. Criação 4. Material didático 5. Mediação 6. Mídia digital 7. Recursos audiovisuais 8. Tecnologias de informação e comunicação I. Título. II. Série.

23-142678   CDD-700

Índices para catálogo sistemático:
1. Material didático: Artes visuais   700
       Eliete Marques da Silva - Bibliotecária - CRB-8/9380

1ª edição, 2017.
2ª edição, 2023.
Foi feito o depósito legal. Informamos que é de inteira responsabilidade da autora a emissão de conceitos.
Nenhuma parte desta publicação poderá ser reproduzida por qualquer meio ou forma sem a prévia autorização da Editora InterSaberes.
A violação dos direitos autorais é crime estabelecido na Lei n. 9.610/1998 e punido pelo art. 184 do Código Penal.

Sumário

Apresentação 7
Organização didático-pedagógica 9

1 Propostas para material didático: análise, avaliação e elaboração **13**
    1.1 Conceito, funções e diversificação do material didático 16
    1.2 Recursos tecnológicos e novas tecnologias 22
    1.3 Critérios para análise: aspectos das políticas públicas
         para a distribuição do livro didático 29

2 Material didático impresso: mediação e ação educativa no ensino de Arte **41**
    2.1 Mediação: Por quê? Para quem? Como? 44
    2.2 Ação educativa: público e contextos 57
    2.3 Roteiros práticos: conteúdo, criação e colaboração 63

3 Material didático audiovisual: criação e colaboração **71**
    3.1 Comunicação em contextos educativos 74
    3.2 Comunicação audiovisual: história, conceito e classificação 77
    3.3 Roteiro prático para desenvolvimento de material audiovisual 85

4 Mídias digitais: diversidade e contextos educativos **103**
    4.1 Histórico, conceito e classificação 106
    4.2 Tendências e debates: mídias digitais 108
    4.3 Roteiro prático para desenvolvimento de hipermídia 117

5 Elaboração de material didático: mercado e atuação profissional **127**
    5.1 Conceito de material didático: educação e mercado 130
    5.2 Cadeia de produção: profissionais e produtos 133
    5.3 Potencialidades e tendências para o ensino de Arte 138

6 Roteiros de produção, *checklist* e avaliação **149**
    6.1 *Design* instrucional: sentido e etapas da produção 152
    6.2 Propostas de material didático: Por quê? Para quem? Como? 161
    6.3 Avaliação: conteúdo, público e contexto 162

Considerações finais 169
Referências 171
Bibliografia comentada 185
Respostas 191
Sobre a autora 199

Apresentação

Esta obra trata de aspectos gerais referentes à elaboração de um material didático, além de apontar algumas definições relativas ao recorte do tema e, também, abordar esquemas de classificação, modificação e diversificação dos recursos utilizados. Com base num contexto histórico que abrange desde a década de 1990 até os dias de hoje, o livro propõe uma reflexão sobre as mudanças tecnológicas e seus impactos sobre o desenvolvimento da produção didática.

Um dos propósitos desta abordagem diz respeito às questões da produção, distribuição e recepção do material didático e, especificamente, aos desdobramentos dessas ações no campo das artes visuais, no âmbito do ensino de Arte na escola e em outros contextos.

No primeiro capítulo, apresentamos e discutimos o conceito de material didático e algumas de suas classificações, bem como os impactos das tecnologias de informação e comunicação (TICs) sobre os modos de produção, distribuição e recepção desse tipo de material. Outro ponto importante desse capítulo reside na apresentação das legislações específicas e dos programas públicos implementados pelo governo, tanto para refletirmos sobre os processos de avaliação responsáveis por qualificar esses mecanismos de aquisição e distribuição quanto para comentarmos a cadeia produtiva.

No segundo capítulo, destacamos a ideia de mediação, tomando-a como um fator ativo e importante na elaboração do material didático, para o domínio do educador e do professor em práticas culturais e educativas encetadas no campo profissional. O breve levantamento apresentado versa sobre diferentes conceitos de mediação, com a intenção de contribuir com futuras propostas de ação didática, cultural ou educativa. As reflexões sobre a ação cultural e educativa têm como propósito subsidiar o desenvolvimento de práticas e recursos em espaços diferentes da sala de aula, já que apoiamos a ampliação dos contextos educativos para o ensino de Arte.

No terceiro capítulo, refletimos sobre o uso dos recursos audiovisuais, destacamos a contribuição desse material didático para a qualificação da comunicação entre professor e aluno, além de relacionarmos seu uso continuado à incorporação de tecnologias aos processos de ensino. Nesse escopo, analisamos a presença de recursos audiovisuais nas redes sociais ou em canais de comunicação quanto às condições de acesso aos conteúdos, além de discutirmos como qualificar esse tipo de produção.

A expansão e a lógica das TICs interferem em todos os setores da sociedade, do comércio até a prestação de serviços. Nesse contexto, a oferta de materiais didáticos produzidos em mídias digitais com o uso de programas e computadores tornou-se uma exigência para a profissionalização e o crescimento da área da educação, além de contribuir para o aumento da procura pela inovação. Considerando esse contexto, no quarto capítulo, apresentamos um histórico das mídias utilizadas, como suporte ou veículo, para o material didático. Problematizamos o desenvolvimento de material educativo com o uso das mídias digitais como meio de comunicação, além de comentarmos as especificidades da modalidade de educação, do conteúdo e do público-alvo. Observamos que esse tipo de material, para se configurar, depende de um conjunto de linguagens – discursiva, imagética, sonora, visual, audiovisual – e, consequentemente, da discussão de questões sobre interatividade, programação e roteiro.

No quinto capítulo, retomamos o conceito e o esquema de classificação do material didático como fio condutor para se discutir a produção e analisar a configuração da cadeia produtiva do livro. Destacamos, na educação brasileira, o mais antigo e consolidado programa público de distribuição de livros didáticos, criado pelo Ministério da Educação: o Programa Nacional do Livro Didático (PNLD), que tem sustentado o mercado editorial brasileiro desse segmento e atraído investimentos estrangeiros para o setor.

No sexto e último capítulo, tratamos do desenvolvimento do projeto de um material didático, com base em questões preconizadas pelo *design* instrucional. Alguns aspectos históricos e do contexto de origem do *design* instrucional são apresentados à guisa de introdução. Outros tópicos discutidos são a evolução desse conceito mediante as transformações tecnológicas, a proposição de modelos, bem como novas metodologias de processos de produção que incorporem e atualizem esses elementos.

Portanto, nesta obra, procuramos refletir sobre como as transformações tecnológicas alteraram os modos de criar, produzir e distribuir o material didático, assim como os modos de sua recepção. Em especial, destacamos a cadeia de produção desse setor, que já sofreu inúmeras transformações, mas sem deixar de vislumbrar o papel e a contribuição das inovações para todos os envolvidos, do autor ao leitor. Também é nosso intuito incitar o interesse pelo desenvolvimento autônomo do material didático, capacidade a ser conquistada pelo professor/educador.

Organização didático-pedagógica

Esta seção tem a finalidade de apresentar os recursos de aprendizagem utilizados no decorrer da obra, de modo a evidenciar os aspectos didático-pedagógicos que nortearam o planejamento do material e como o aluno/leitor pode tirar o melhor proveito dos conteúdos para seu aprendizado.

Introdução ao capítulo

Logo na abertura do capítulo, você é informado a respeito dos conteúdos que nele serão abordados, bem como dos objetivos que a autora pretende alcançar.

Síntese

Você conta, nesta seção, com um recurso que o instigará a fazer uma reflexão sobre os conteúdos estudados, de modo a contribuir para que as conclusões a que você chegou sejam reafirmadas ou redefinidas.

Indicações culturais

Nesta seção, o autor oferece algumas indicações de livros, filmes ou *sites* que podem ajudá-lo a refletir sobre os conteúdos estudados e permitir o aprofundamento em seu processo de aprendizagem.

Atividades de autoavaliação

Com estas questões objetivas, você tem a oportunidade de verificar o grau de assimilação dos conceitos examinados, motivando-se a progredir em seus estudos e a se preparar para outras atividades avaliativas.

Atividades de aprendizagem

Aqui você dispõe de questões cujo objetivo é levá-lo a analisar criticamente determinado assunto e a aproximar conhecimentos teóricos e práticos.

Bibliografia comentada

Nesta seção, você encontra comentários acerca de algumas obras de referência para o estudo dos temas examinados.

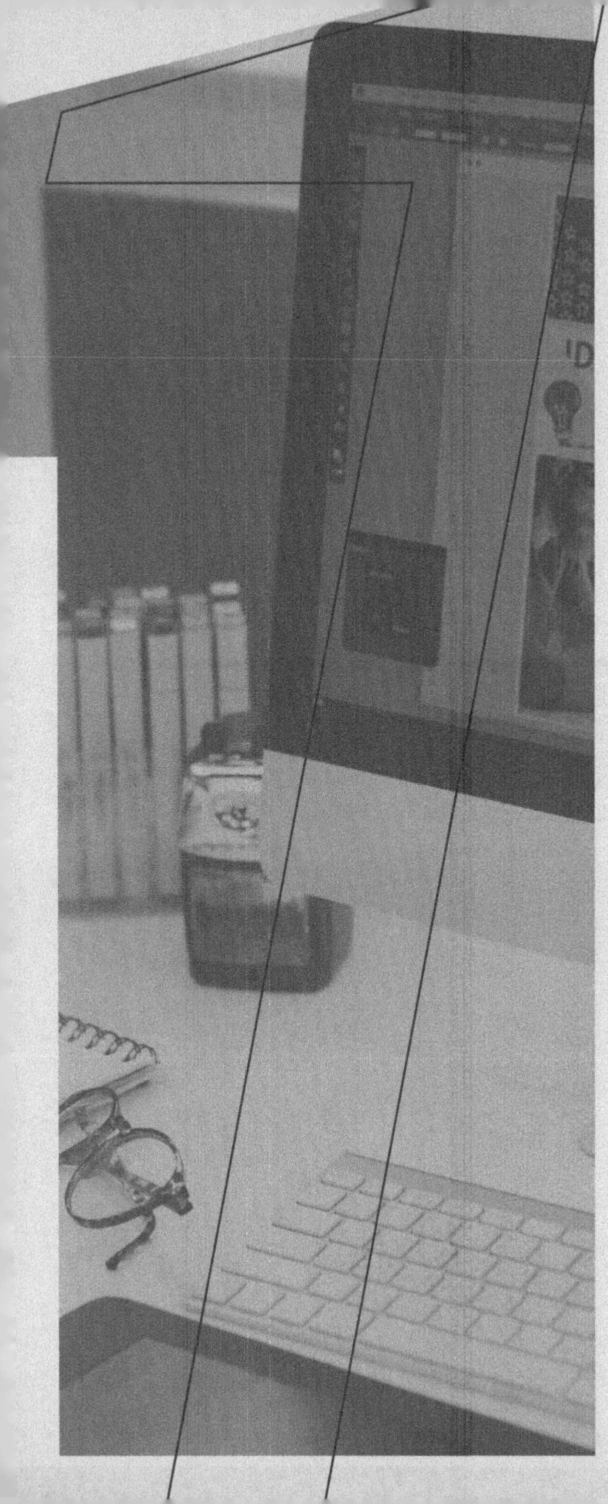

Propostas para material didático: análise, avaliação e elaboração

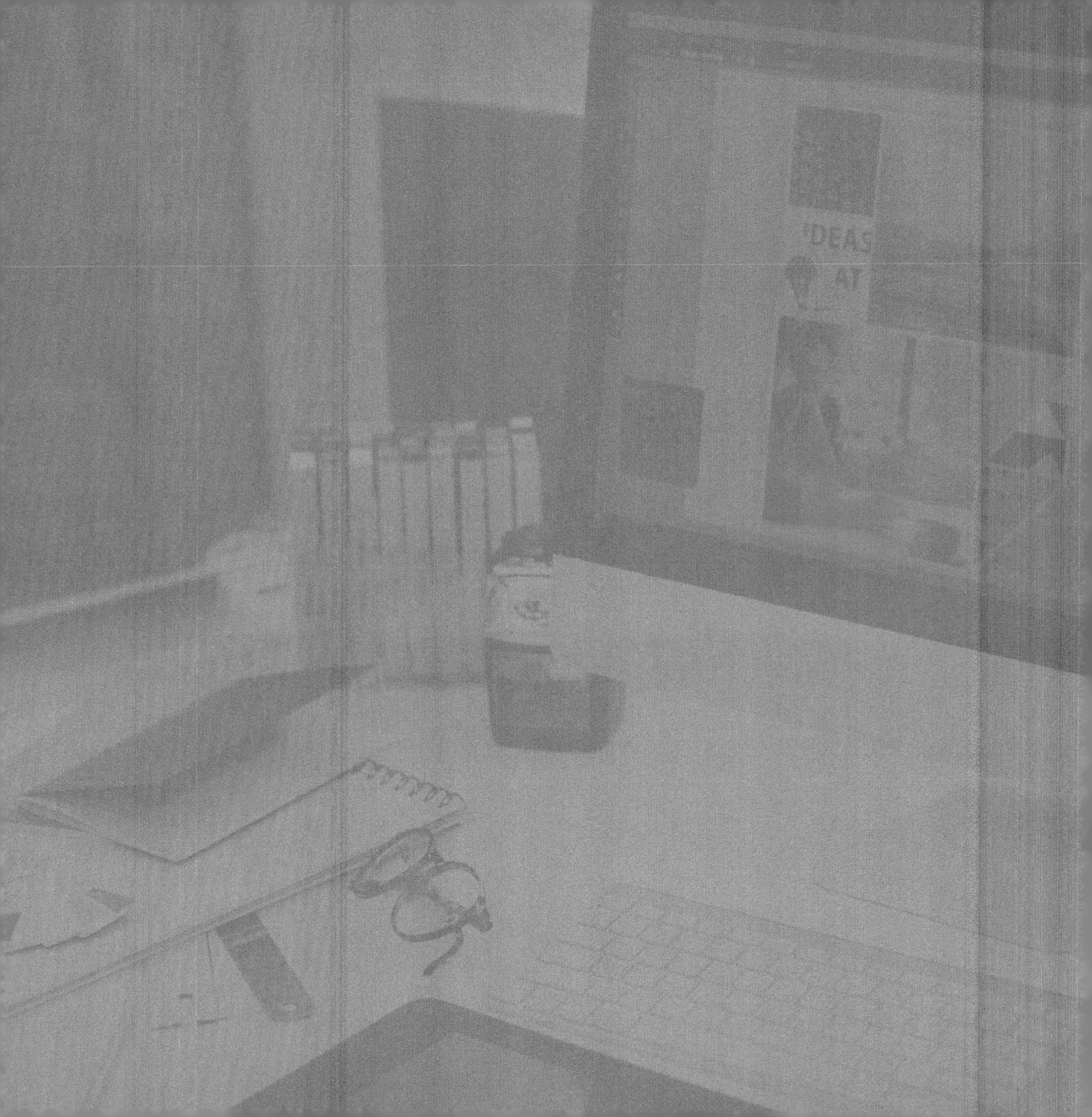

Neste capítulo, vamos analisar um conceito de material didático, contextualizar e apresentar alguns esquemas de classificação e refletir sobre a contribuição das tecnologias de comunicação e informação na elaboração de propostas sobre esse tema.

É importante, para isso, conhecer opiniões de pesquisadores, educadores e historiadores que atuam nesse ampliado campo profissional, além das políticas públicas relacionadas aos processos de avaliação do material didático. As contribuições dos especialistas ajudam a entender o funcionamento do setor editorial no contexto contemporâneo e a compreender o que afeta as etapas da produção, distribuição e recepção do material didático. São opiniões abalizadas, fundamentadas que, somadas às análises dos programas de políticas públicas, subsidiam os debates sobre as formulações do conceito, das funções e da diversificação do material didático.

Nesta oportunidade, vamos revisar alguns tópicos importantes para refletir acerca da utilização sistemática, histórica e contextualizada dos materiais didáticos, dos recursos tecnológicos e do material instrucional, bem como a respeito do impacto das novas tecnologias na atualidade.

Na sequência, vamos discorrer sobre os processos de avaliação que contribuem para qualificar os programas de aquisição e distribuição, universal e gratuita, do livro didático para a educação básica por parte do governo.

1.1 Conceito, funções e diversificação do material didático

A informatização das sociedades é consequência de esforços científicos, tecnológicos e políticos, resultado de uma rápida evolução proveniente da ação conjunta de governos e organizações: desde a origem e o desenvolvimento da internet, entre os anos de 1960 e 1980, passando pela consolidação dos usos da rede e pela multiplicação de dispositivos de comunicação, como os telefones celulares, nos anos de 1990, até o surgimento das redes sociais e de tantas outras ferramentas digitais, como *blogs* e repositórios digitais (RDs)[1], popularizados por volta dos anos de 2000.

Por isso, entre outras transformações que ocorreram nesse período, até que se alcançasse a caracterização da denominada *sociedade da informação*[2], destaca-se a operacionalização de um conjunto de tecnologias que contribuíram para a expansão do trabalho colaborativo *on-line*.

Nesse contexto, muitas pessoas já tinham condições, materiais e cognitivas, de acessar a internet, e uma infinidade de serviços foi possibilitada pelo uso das redes eletroeletrônicas, tais como as transações bancárias e a comunicação por *e-mail* ou *chat* entre entidades públicas e cidadãos.

As tecnologias de informação e comunicação (TICs)[3] contribuem para diminuir as distâncias de tempo e espaço na sociedade ao facilitarem a circulação, via redes de informação, de textos, imagens, áudios ou vídeos. Assim, a educação tem um importante papel a cumprir, já que é preciso aprender a produzir, distribuir e compartilhar a informação até ampliar significativamente o conhecimento.

---

[1] RDs são bases de dados disponíveis *on-line* que organizam, por exemplo, a produção de uma entidade sobre determinado assunto ou área temática.

[2] A expressão foi difundida a partir do uso intensivo das tecnologias de informação e comunicação pelos governos, pelas empresas e pela sociedade em geral, nos últimos anos do século XX. Castells (2000) aponta algumas de suas características: informação, expansão e efeito das novas tecnologias, lógica de redes, flexibilidade e convergência entre tecnologias.

[3] A expressão refere-se a um conjunto de recursos tecnológicos, tais como plataformas e sistemas de informação, redes de comunicação, *e-mails*, *chats* ou fóruns, que podem ser usados de forma integrada para alcançar um objetivo final: em serviços bancários, em educação a distância (EaD), em setores governamentais etc.

Nesse cenário, aqui brevemente comentado, com a revolução das TICs, o material didático usado nos processos de ensino-aprendizagem diversificou-se no que se refere tanto às suas funções quanto aos tipos de produtos.

A seguir, conheça algumas opiniões de especialistas sobre a utilização, as funções e a diversificação do material didático:

- Em uma entrevista para o Portal do Professor, em junho de 2011, a professora Tânia Braga Garcia (2011), da Universidade Federal do Paraná, reforça o papel de mediação entre professor, alunos e o conhecimento, desempenhado pelo material didático. Ressalta também que, além da diversificação dos suportes e das funções deste, seus resultados no ensino e na aprendizagem precisam ser igualmente avaliados.
- Quanto ao material didático para a educação a distância (EaD), o uso da internet e de programas para escrita coletiva, em especial, contribuiu para uma aprendizagem colaborativa. A pesquisadora Vani Moreira Kenski (2008, p. 15) alega que tais recursos possibilitam mais interação e comunicação entre todos os participantes em cursos *on-line*: "Trabalhos cooperativos desenvolvidos nas redes incluem mecanismos de comunicação que permitem às pessoas ver, ouvir e enviar mensagens umas às outras".
- O educador João Bosco Pitombeira de Carvalho (2006, p. 171) comenta que, por problemas diversos, sempre houve uma variedade de materiais didáticos esquecidos na escola, sem que fossem objetos de uma prática educativa: "Na década de 50 do século passado, lembro que em minha sala de aula havia vários armários com animais empalhados, esqueletos, crânios, conchas de moluscos, entre outros".

Com base nas opiniões desses autores, vamos, primeiramente, refletir sobre os modelos dos materiais didáticos disponíveis no mercado editorial: Quais são os principais conceitos dessa produção adotados pelo subsetor, considerando-se o seu papel de responsável pelo fornecimento desses produtos? Quais formatos e diversificações do material didático foram desenvolvidos pelas editoras do subsetor para atender às últimas edições dos programas de distribuição para a educação básica?

Lembre-se de que muitas das decisões tomadas por editoras desse subsetor também dependem das demandas do mercado e do público-alvo, por exemplo: produzir livros didáticos segundo os critérios de avaliação dos programas de distribuição[4] governamentais para o ensino médio.

Consequentemente, uma definição de material didático é aquela disseminada e transformada pelos documentos das políticas públicas para a leitura no Brasil[5], ações preconizadas desde meados de 1990, principalmente pelo Ministério da Educação (MEC), para o estabelecimento de programas para o livro escolar.

Entre os programas implementados pelo MEC na educação básica, destacam-se as políticas educacionais nas áreas de alfabetização, para a leitura e capacitação dos servidores. Trata-se de ações que perpassam a aprendizagem do aluno, propostas para a valorização do profissional de educação e, também, direcionadas para a melhoria da infraestrutura física e pedagógica da escola, a maioria executada como apoio aos entes federados (Brasil, 2014b).

Um ponto forte das políticas educacionais do MEC são os programas dirigidos à alfabetização. Em 2007, por exemplo, pesquisadores que contribuíram na escrita de uma série sobre alfabetização para o Ministério apresentaram vários questionamentos com base nas indagações de professores da educação básica sobre o uso do livro didático em suas práticas de ensino. Esses autores também comentaram as modificações que o livro didático sofreu, em especial, após a institucionalização dos programas de distribuição – por exemplo, o Programa Nacional do Livro Didático (PNLD) – do governo brasileiro (Morais et al., 2007).

As várias edições do PNLD foram responsáveis por ampliar o uso do livro didático nas escolas, além de contribuir para a atualização das concepções relacionadas ao ensino de língua portuguesa e de alfabetização:

---

4   Os programas de compra e distribuição de livros para a educação surgiram na década de 1930 e, depois de inúmeras mudanças, em 1985, criou-se o Programa Nacional do Livro Didático (PNLD).

5   O PNLD foi aperfeiçoado em 1995 com a inclusão de um guia de livros didáticos e garantido pela Lei de Diretrizes e Bases da Educação Nacional (LDBEN) de 1996, tornando-se dever do Estado. Esse programa veio a ser ampliado de forma gradativa a partir dos anos de 2000, tanto para atender a outras etapas da educação e contemplar mais disciplinas do currículo básico quanto para promover a distribuição de dicionários e, também, de obras em braile e em Libras para atender a alunos com deficiências.

> De fato, independentemente de restrições ao seu uso, sob o argumento principal de que condiciona a autonomia do professor e da professora, o livro didático permanece como um dos suportes básicos na organização do trabalho pedagógico. Nesse sentido, mesmo admitindo-se atitudes de resistência a esse tipo de material, mesmo reconhecendo-se sua utilização por vezes parcial, seletiva ou reinterpretada por parte dos educadores, não há como menosprezar a força do livro didático nas definições pedagógicas no cotidiano da escola. (Morais et al., 2007, p. 7)

Na atualidade, os programas públicos são aperfeiçoados continuamente e já contam com guias de orientação para a seleção dos livros pelos professores. Além dessa etapa avaliativa na escola, as editoras também investiram em novos títulos e em melhorias nas tarefas de revisão e atualização dos conteúdos. No entanto, os processos são demorados e demandam muita dedicação e reflexão por parte dos grupos envolvidos: "Ouvir a opinião dos professores e professoras e dos demais profissionais das escolas sobre os livros didáticos adotados é de fundamental importância para que a escolha desse livro auxilie, de fato, as práticas escolares" (Morais et al., 2007, p. 32).

No contexto brasileiro, a consolidação de um mercado editorial dedicado às obras didáticas foi um dos resultados da difusão do livro na educação pública. Desde 2010, é possível contar com a regulamentação da avaliação e a distribuição de materiais didáticos para toda a educação básica[6], com regularidade e frequência, em âmbito nacional. Nesses comentários sobre a avaliação de algumas das recentes edições do PNLD, não foram consideradas iniciativas municipais ou estaduais, já que muitas delas ocorrem de forma esporádica e com diferentes critérios de desenvolvimento, avaliação e distribuição.

Em 2015, as coleções diferenciaram-se em: propostas de obras multimídia, de livros impressos e de livros digitais; outra possibilidade são as propostas para obras impressas, que incluem livros impressos e arquivos em PDF. Os professores e as escolas são convidados, a cada ano letivo, a avaliar as

---

6 A regulamentação estabelecida pelo Decreto n. 7.084, de 27 de janeiro de 2010 (Brasil, 2010), possibilita a avaliação, escolha e aquisição de obras para as principais disciplinas do ensino fundamental (1º ao 9º ano) e do ensino médio. Em 2015, foram distribuídos, pela primeira vez, livros para a disciplina de Arte para o ensino médio com recursos federais do PNLD.

propostas e selecionar o material didático para as disciplinas, conforme a modalidade da educação básica (Brasil, 2014c).

Os programas de formação do MEC para professores, funcionários e gestores da educação também contribuem para democratizar os conceitos, as funções e a diversidade do material didático, já que desenvolvem ações de capacitação para a comunidade escolar: "Assim, a escola, de espaço de ensino-aprendizagem, concentrado na sala de aula, passou a ser espaço educativo, com múltiplas tarefas, várias delas a cargo não dos professores, mas dos outros funcionários, também, forçosamente educadores" (Silva et al., 2005, p. 4).

Desde 2004, o MEC oferece um programa de formação para os funcionários que atuam em escolas públicas com habilidades já consagradas: técnicos em manutenção, gestão de alimentação escolar, técnicos em multimeios didáticos e outros profissionais. A educadora Olga Freitas (2007, p. 21) ressalta a necessidade de conservação do espaço escolar e a importância da manutenção dos equipamentos didáticos escolares: "Também conhecidos como 'recursos' ou 'tecnologias educacionais', os materiais e equipamentos didáticos são todo e qualquer recurso utilizado em um procedimento de ensino, visando à estimulação do aluno e à sua aproximação do conteúdo".

Nesses exemplos de políticas educacionais, diferentes propostas de material didático têm sido propaladas e aplicadas. Entre os requisitos desses programas, são observadas diferentes concepções de ensino-aprendizagem, conforme suas modalidades e etapas, além do fato de que eles objetivam vários tipos de público-alvo, entre outros aspectos.

A seguir, no Quadro 1.1, sintetizamos alguns dos elementos que integram as definições do material didático em programas públicos. Observe que os três programas que compõem o quadro foram exemplificados com base em trechos dos próprios documentos e, ainda, que, nesse contexto, se utilizam ou se mencionam materiais didáticos.

Quadro 1.1 – Programas públicos para materiais didáticos

Programas de alfabetização	O livro (material) didático permanece como um dos suportes básicos na organização do trabalho pedagógico na etapa de alfabetização. Sua utilização é, por vezes, parcial, seletiva ou reinterpretada por parte dos educadores, mas é importante reconhecer a força do livro didático nas definições pedagógicas no cotidiano da escola.
Programas de leitura (livro didático)	Em 2015, os programas de distribuição do livro (material) didático para a educação básica privilegiaram dois tipos de coleções: obras multimídia, com livros impressos e livros digitais; outra possibilidade foram livros impressos e arquivos em PDF. Além disso, existem guias de avaliação que são apresentados aos professores e às escolas com orientações para avaliar as propostas e selecionar o material didático para as disciplinas.
Programas de formação para funcionários	Nesses programas de formação técnica, os termos *recursos* ou *tecnologias educacionais* são denominações também adotadas para materiais e equipamentos didáticos; assim, abrangem todo recurso utilizado em um procedimento de ensino, com a intenção de aproximar o aluno do conteúdo.

Fonte: Elaborado com base em Carvalho, 2006; André, 2009b; Freitas, 2007.

Em resumo, nos trechos selecionados para a apresentação de cada um dos programas do MEC, destacamos algumas características, tais como: a materialidade (suporte) do material didático, a diversidade (coleções) e o uso das tecnologias educacionais (recursos).

Nessas informações sobre os programas das políticas públicas do MEC – edições realizadas entre os anos de 2004 e 2010 que visavam atender a demandas específicas da educação em todo o país –, observamos que, além das finalidades, das modalidades e do público-alvo, outras variáveis interferem na definição do material didático.

No contexto das políticas públicas, principalmente do livro e da leitura, alguns especialistas discutem o conceito de material didático também em relação ao suporte (conforme Figura 1.1) e às novas tecnologias.

1.2 Recursos tecnológicos e novas tecnologias

O historiador francês da cultura Roger Chartier (2002, p. 61-62) defende uma vinculação entre **texto** e **suporte** que possibilita materializar o conteúdo, ao afirmar que o texto[7] não existe fora dos suportes materiais que permitem sua leitura (ou sua visão) nem fora da oportunidade na qual pode ser lido (ou sua audição).

Figura 1.1 – Tipos de material didático – definição de acordo com o suporte

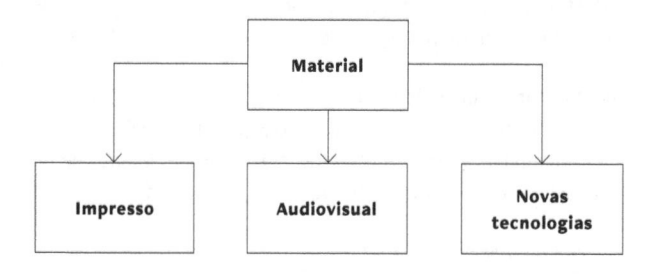

```
              Material
        ┌────────┼────────┐
     Impresso  Audiovisual  Novas
                            tecnologias
```

Fonte: Bandeira, 2009.

O material didático é um conjunto de textos, imagens e recursos concebido com finalidade educativa. Por isso, faz-se necessário decidir sobre a adoção de um suporte em que ele possa ser veiculado, o qual pode ser impresso, audiovisual ou recorrer ao uso das novas tecnologias, conforme indicado na Figura 1.1.

Assim, cada época desenvolve um conjunto de técnicas – do papiro aos meios digitais no século XXI –, e essas mudanças, que já revolucionaram a escrita, também alteraram a produção, a difusão e a recepção do material didático (Bandeira, 2009).

Contudo, é preciso atentar às prescrições legais e aos referenciais de qualidade, sem nos esquecermos dos sistemas de avaliação, conforme afirma o professor e filósofo Renato Janine Ribeiro (2015),

---

7   O autor também afirma que "os livros resistirão às tecnologias digitais" (Chartier, 2007).

em entrevista publicada pelo jornal *Folha de S. Paulo*, por ocasião de sua posse no cargo de ministro da Educação, em abril de 2015.

Muitos documentos e relatórios de especialistas, apresentados pelas instâncias regulatórias do MEC e de secretarias ou órgãos estaduais e municipais voltados à administração das redes de ensino, contribuem para orientar a proposição de materiais didáticos nas diferentes modalidades de educação, presencial ou a distância.

Os Referenciais de Qualidade da Secretaria de Educação a Distância dirigidos aos cursos de EaD apresentam princípios, diretrizes e critérios para orientar as instituições de ensino superior que oferecem essa modalidade[8]. A primeira versão foi elaborada em 2003; contudo, com a dinâmica do setor e as mudanças na regulamentação, foi preciso atualizar os referenciais já em 2007.

Na versão de 2007, observamos que, em relação à diversidade da produção didática indicada para a EaD, defendeu-se um conjunto de mídias compatível com a proposta e com o contexto socioeconômico do público-alvo: "A produção de material impresso, vídeos, programas televisivos e radiofônicos, videoconferências, CD-ROM, páginas WEB, objetos de aprendizagem e outros, para uso a distância, atende a diferentes lógicas de concepção, produção, linguagem, estudo e controle de tempo" (Brasil, 2007, p. 13).

Nesse contexto, o desenvolvimento do material também precisa levar em consideração as **mídias**, conforme a escolha e a combinação proposta quanto à utilização de TICs, de forma a possibilitar que estudantes e professores estejam integrados em atividades educativas que acontecem em lugares ou tempos diversos:

---

8   Esse documento está circunscrito à legislação vigente (LDBEN e decretos). O Decreto n. 5.622, de 19 de dezembro de 2005, em seu art. 7º, estabelece que os Referenciais de Qualidade para a Educação a Distância determinam as regras para a regulação, supervisão e avaliação dessa modalidade (Brasil, 2005).

Além disso, é recomendável que as instituições elaborem seus materiais para uso a distância, buscando integrar as diferentes mídias, explorando a convergência e integração entre materiais impressos, radiofônicos, televisivos, de informática, de videoconferências e teleconferências, dentre outros, sempre na perspectiva da construção do conhecimento e favorecendo a interação entre os múltiplos atores. (Brasil, 2007, p. 14)

O mesmo documento (Brasil, 2007) considera que a tecnologia a ser utilizada depende da natureza do curso, do perfil dos estudantes, do programa, das questões metodológicas etc. Assim, de acordo com a oferta, podem variar combinações de linguagens, bem como dos recursos educacionais e tecnológicos.

A avaliação apresentada pela pesquisadora Gardênia Abbad sobre o estado da arte da EaD em 2007 delineia a dimensão e a complexidade da área, além de identificar os atores, as entidades e as organizações pertinentes e de observar a importância das diferentes mídias e tecnologias:

As novas tecnologias de informação e comunicação impõem desafios para os profissionais que atuam na produção de cursos à distância. A articulação das mídias para a criação de ambientes propícios a aprendizagem é algo que requer muito esforço e competência técnica das equipes responsáveis pela educação na atualidade. (Abbad, 2007, p. 359)

Outro destaque desse mapeamento concentra-se nas possibilidades das novas TICs empregadas na EaD, pelo potencial de ampliar o acesso à educação por parte de minorias excluídas dos sistemas educacionais, além de permitir o desenvolvimento de competências tecnológicas exigidas pela sociedade e pelo mundo do trabalho (Abbad, 2007).

É possível observar que a qualidade dos cursos na modalidade a distância está intrinsecamente relacionada à diversidade do material didático, em consonância com as novas tecnologias. É preciso, portanto, diferenciar estas das demais tecnologias educacionais e dos recursos educacionais que têm sido utilizados no ensino.

O uso de novas tecnologias na educação, para se tornar uma prática de professores e alunos, depende de políticas públicas que possam apoiar a produção de tecnologias educacionais e democratizar o acesso às inovações.

Tais mudanças são gradativas e dependem de uma série de fatores, mas, em virtude da ausência de reflexão sobre a importância dos recursos educativos na educação, acaba prevalecendo seu uso tradicional. Assim, por exemplo, a lista dos recursos educacionais audiovisuais, referencial para vários programas pedagógicos, foi elaborada, por muito tempo, com base em classificações internacionais e da Classificação Brasileira de Recursos Visuais[9], propostas divulgadas principalmente nos anos de 1970 e 1980.

No entanto, desde 2008, o MEC e a Secretaria de Educação Básica (SEB) oferecem, a cada ano, um guia composto pela descrição de tecnologias[10] de educação para auxiliar os gestores na identificação de recursos que possam contribuir para a qualidade de suas redes de ensino.

A maioria das proposições dessas tecnologias é realizada por entidades privadas ou organizações não governamentais (ONGs) com base em convênios com entes públicos. Na edição do Guia de 2011/2012, há um esclarecimento a respeito da proposição de tecnologias e das práticas de colaboração para o desenvolvimento e o financiamento destas:

> Cada bloco é composto por tecnologias que estão sendo implementadas pelo MEC – elaboradas por suas Secretarias e pelo FNDE [Fundo Nacional de Desenvolvimento da Educação] ou por parcerias estabelecidas com instituições da área da Educação – e pelas tecnologias apresentadas por instituições e/ou empresas públicas ou privadas, que foram avaliadas pela Secretaria de Educação Básica – SEB/MEC e consideradas pré-qualificadas, no âmbito do processo de Pré-Qualificação de Tecnologias Educacionais que Promovam a Qualidade da Educação Básica. (Brasil, 2011, p. 14)

---

9   As classificações foram apresentadas e difundidas internacionalmente e, nesse período, o tema foi abordado no Brasil por meio de publicações dedicadas aos recursos audiovisuais na educação (Parra; Parra, 1985).

10 Os grupos das tecnologias variam anualmente e são constituídos por área: Gestão da Educação; Ensino-Aprendizagem; Formação de Profissionais da Educação; Educação Inclusiva; Portais Educacionais; Ambientes Virtuais; entre outras.

A edição do Guia 2013" pode ser consultada no portal do MEC e foi realizada em parceria com a Universidade Federal do Rio Grande do Sul (UFRGS). Essa edição foi subdividida conforme ocorre a aplicação das tecnologias nas áreas de conhecimento e por tema; sua contribuição visa a melhorar a qualidade da educação básica.

A Figura 1.2 apresenta um diagrama elaborado como sugestão de sistematização das questões discutidas e exemplificadas nesta seção, tomando por base a seguinte definição de material didático, sob a perspectiva do mercado editorial: "O material didático pode ser definido amplamente como produtos pedagógicos utilizados na educação e, especificamente, como o material instrucional que se elabora com finalidade didática" (Bandeira, 2009, p. 14).

Figura 1.2 – Tipos de materiais didáticos e sua função, exemplos de produtos pedagógicos (brinquedos educativos) e de material instrucional (livro didático)

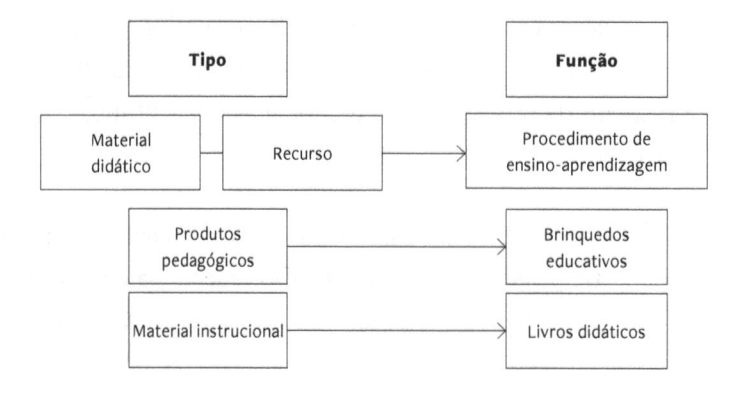

```
                    Tipo                              Função

            ┌─────────────┐                   ┌──────────────────┐
            │  Material   │     ┌────────┐    │  Procedimento de │
            │  didático   │─────│Recurso │───▶│ ensino-aprendizagem│
            └─────────────┘     └────────┘    └──────────────────┘

            ┌─────────────┐                   ┌──────────────────┐
            │  Produtos   │                   │    Brinquedos    │
            │ pedagógicos │──────────────────▶│    educativos    │
            └─────────────┘                   └──────────────────┘

            ┌─────────────┐                   ┌──────────────────┐
            │   Material  │                   │                  │
            │ instrucional│──────────────────▶│  Livros didáticos│
            └─────────────┘                   └──────────────────┘
```

Fonte: Elaborado com base em Bandeira, 2009.

---

11 *Guia de tecnologias educacionais da educação integral e integrada e da articulação da escola com seu território*, com subdivisões de acordo com as tecnologias. As tecnologias que integram o guia foram divididas nas seguintes áreas: Acompanhamento Pedagógico; Comunicação e Uso de Mídias; Cultura Digital; Cultura e Artes; Educação Econômica; Direitos Humanos em Educação; Educação Ambiental; Esporte e Lazer; Investigação no Campo da Ciência da Natureza; Produção da Saúde (Menezes, 2013).

1.2.1 O que é um material instrucional?

As TICs, aplicadas ao processo de ensino-aprendizagem desde a criação dos computadores e a democratização do uso das redes na metade do século XX, contribuem significativamente para o estabelecimento de novas maneiras de aprender, ensinar e produzir conhecimento.

Entre as décadas de 1960 e 1970, pesquisas sobre o uso das tecnologias educacionais e o enfoque sistêmico foram realizadas nos mais diversos países. Os resultados, com avanços e recuos, contribuíram para a evolução dos processos da educação a distância, bem como subsidiaram os primórdios da produção de cursos e material didático.

A expressão *material instrucional* foi apresentada no *Dicionário de terminologia de educação a distância*, publicado no final da década de 1990 pela Fundação Roberto Marinho. O verbete relativo a esse termo ressaltou o uso mais geral da expressão (ver Quadro 1.2) nos Estados Unidos, diferentemente do que acontece no Brasil e em outros países.

Quadro 1.2 – Verbete com o significado do termo *material instrucional*

Expressão	Tradução	Definição
Instructional material	Material didático; material de ensino	A palavra *instruction* (instrução) é usada nos EUA de uma maneira muito mais geral do que no Brasil (ou Inglaterra, Austrália etc.) para significar "ensino" em todas as suas formas e não apenas "instrução como fazer algo". Em outros países da língua inglesa costuma-se usar o termo *teaching material*.

Fonte: Romiszowski; Romiszowski, 1998, p.27.

Em 2005, uma descrição apresentada na *Revista Brasileira de Aprendizagem Aberta e a Distância* (RBAAD)[12] forneceu uma ideia dos tipos e das funções desses materiais instrucionais. Muitos foram usados para solucionar os objetivos do ensino-aprendizagem em cursos do setor. Os textos autoinstrucionais

---

[12] A RBAAD é uma publicação eletrônica da Associação Brasileira de Educação a Distância (Abed) com foco em pesquisa, desenvolvimento e prática da EaD.

seguiam orientações sugeridas pelas abordagens teóricas[13] com a finalidade de desenvolver material para treinamento, programas e tutoriais com o uso do computador (*Computer Based Training* – CBT)[14], além de livros didáticos, exercícios e outros modelos de atividades.

> O formato do material pode ter uma aparência semelhante aos textos autoinstrucionais (programados) do passado, ou aos tutoriais interativos (software de CBT) da atualidade, onde o aluno interage com o próprio material, respondendo a perguntas ou executando tarefas de aprendizagem embutidos no próprio material e recebendo "feedback" diretamente do material. Tal tipo de **material autoinstrucional** não serve para todo e qualquer tipo de objetivo de aprendizagem, mas no caso de aprendizagem da execução de procedimentos, ainda representa a abordagem mais eficaz e eficiente. (Romiszowski; Romiszowski, 2005, p. 6, grifo do original)

Neste estudo, vamos adotar a definição de *material instrucional* que, com os avanços das tecnologias, inclui produtos desenvolvidos com apoio do ***design* instrucional**[15], área da tecnologia educacional que adota uma perspectiva sistêmica, com enfoque na aprendizagem do público-alvo e em outras questões específicas, para a elaboração de produtos educacionais. O *design* instrucional começou a ser discutido na década de 1960, nos Estados Unidos.

A partir das décadas de 1970 e 1980, esse modelo inicial passou a ser difundido internacionalmente e a receber mais contribuições, principalmente, das áreas de *design*, educacionais e tecnológicas. Dos anos de 1990 até os dias atuais, o *design* instrucional transformou seus modelos e processos, tanto

---

13 Entre as teorias que influenciaram essa tendência, para a elaboração do texto escrito, observou-se que: "utiliza os princípios de 'mapeamento de informações' para organizar o conteúdo nas páginas; e ainda, segue, rigorosamente, um modelo de 'eventos instrucionais', proposto por Robert Gagné (1974). Gagné desenvolveu este modelo para orientar professores no planejamento de aulas para ensino presencial; mas, no caso aqui considerado, o modelo foi aplicado para organizar a sequência de um material impresso autoinstrucional" (Romiszowski; Romiszowski, 2005, p. 7).

14 O CBT se refere ao uso de instruções e de programas controlados por computadores para treinamento de habilidades específicas.

15 As origens do *design* instrucional remontam ao desenvolvimento de treinamentos militares nos Estados Unidos em plena Segunda Guerra Mundial.

pela adesão às inovações tecnológicas quanto pelos avanços das áreas da comunicação, da psicologia de aprendizagem, da filosofia sobre a natureza do conhecimento e dos estudos sobre cognição (Romiszowski; Romiszowski, 2005).

Para resumir esse tema, destacamos a opinião de um dos profissionais vinculados à Associação Brasileira de Educação a Distância (Abed) no Brasil, a especialista na elaboração de materiais nessa área Hermelina Pastor Romiszowski (2011, p. 2), que defende uma conceituação do *design* instrucional com base nas práticas e funções deste: "É atividade baseada em princípios de comunicação, aprendizagem e ensino, para melhoria de materiais e ambientes de aprendizagem. Envolve importantes aspectos ligados à qualidade, o que se traduz em constantes desafios para a sustentabilidade de projetos educacionais".

1.3 Critérios para análise: aspectos das políticas públicas para a distribuição do livro didático

A dúvida de todo educador é: Como selecionar o material didático adequado para cada situação de ensino-aprendizagem do trabalho pedagógico? Quais são os tipos de materiais didáticos disponíveis e como utilizá-los em sala de aula?

A seleção e a avaliação do material didático se constituem em um processo demorado e complexo, um trabalho que envolve professores, gestores e, muitas vezes, alunos e até a comunidade escolar.

No Brasil, o MEC é o órgão responsável pelos critérios de avaliação do livro didático. A maioria dos guias de avaliação se concentra em duas etapas: a primeira é dedicada ao atendimento às questões da materialidade (suporte, design e *layout*), e a segunda refere-se à garantia dos indicadores de qualidade prescritos para o conteúdo.

Durante muito tempo, entre os anos de 1960 e 1970, o livro didático foi definido por um modelo relacionado aos manuais escolares, cujo objetivo era apresentar o desenvolvimento do conteúdo curricular, em detrimento de uma síntese com a função de apoiar o ensino e a aprendizagem:

Há um modelo de manual escolar que se constituiu, no Brasil, entre os anos 60 e 70. De acordo com esse modelo, o livro didático tem por principal função **estruturar** o trabalho pedagógico em sala de aula e, para isso, deve se organizar em torno da: apresentação não apenas dos conteúdos curriculares mas também de um conjunto de atividades para o ensino-aprendizado desses conteúdos; distribuição desses conteúdos e atividades de ensino de acordo com a progressão do tempo escolar, particularmente de acordo com as séries e unidades de ensino. (Batista, 2001, p. 29, grifo do original)

Durante os anos de 1980 e 1990, essas concepções de livro didático e de materiais educacionais foram mantidas, sem responder às exigências e alterações manifestadas pelo contexto educacional contemporâneo: diversidade e flexibilidade das formas de organização escolar, diferentes interesses e expectativas gerados por fatores de ordem cultural, social e regional (Batista, 2001).

Desde o final da década de 1990, o historiador Roger Chartier (1998) vem reafirmando sua preocupação quanto à mudança das formas de disseminação e das condições de apropriação do livro com o uso dos meios eletrônicos: "Dissociados dos suportes onde habitualmente os encontramos (o livro, o jornal, o periódico), os textos seriam, doravante, consagrados a uma existência eletrônica: compostos no computador ou numerizados, guiados por processos telemáticos, atingiriam um leitor que os apreende sobre uma tela" (Chartier, 1998, p. 95).

Desde 1995, o MEC vem desenvolvendo ações que visam à melhoria do livro didático utilizado nas escolas de ensino fundamental. O guia dos livros didáticos, acompanhado por critérios de avaliação, é um instrumento de apoio para auxiliar os professores e as escolas na escolha do livro didático.

Em 2001, o MEC publicou pela primeira vez uma compilação de resultados de uma avaliação dos livros didáticos, a qual obteve grande aceitação pela comunidade acadêmica. O documento, com recomendações e sugestões, serviu de baliza para o aprimoramento e o futuro das políticas públicas de disseminação do livro didático.

Nesse contexto, os documentos compilados pelo MEC foram favoráveis ao propósito de "ampliar a concepção de livro didático, possibilitando que a oferta de materiais inscritos se diversifique e se enriqueça" (Batista, 2001, p. 31). Entre as recomendações, destacavam-se as seguintes (Batista, 2001):

- ampliar o conceito de livro didático de modo a abranger suas diferentes funções num processo de ensino-aprendizagem escolar e organizá-lo de formas variadas e em suportes diversificados, podendo, assim, atender a uma disciplina isolada ou a um conjunto de disciplinas, área de conhecimento ou de saber, a uma série, ciclo ou a um nível de ensino;
- incorporar progressivamente, segundo a ampliação do conceito de livro didático, além de materiais didáticos para organizar o trabalho pedagógico, outros tipos de recursos como fonte de informação (coletâneas, compêndios etc.) e, além dos materiais didáticos produzidos em coleções para alfabetização e ensino fundamental, incluir coleções sobre temas, áreas de conhecimento ou projetos distribuídos de acordo com o ciclo de ensino-aprendizagem;
- explorar a produção de materiais didáticos organizados como livros, mas também em outros suportes considerados adequados à proposta pedagógica (suportes eletrônicos, fichários, blocos de atividades, álbuns etc.);
- criar outros materiais, tais como fitas de áudio e vídeo, cartazes, cadernos, obras eletrônicas;
- diversificar os materiais didáticos, incluindo aqueles dedicados aos docentes, para atender aos projetos pedagógicos.

No contexto atual, o mercado editorial, segundo análise de Mello (2012, p. 429-430), vai sofrer um impacto com as transformações tecnológicas e o avanço do mundo digital, especialmente com o advento do livro digital, que já foi "apresentado como uma inovação que não se limita a ser uma mera mudança na forma de apresentar o conteúdo dos livros impressos, mas representa uma transformação radical que vai modificar todo o processo da cadeia produtiva, da criação autoral ao consumo de livros".

Embora as modificações nesse setor tenham sido causadas por diversos fatores, o maior impacto ocorre pelas transformações tecnológicas sobre os processos de escrita, editoração, produção gráfica, distribuição e recepção. Earp e Kornis (2005, p. 18) defendem uma relação que se estabelece entre os atores reunidos em conjuntos em um mercado do livro, a qual pode acontecer de diferentes maneiras: "A cadeia produtiva do livro reúne os setores autoral, editorial, gráfico, produtor de papel, produtor de máquinas gráficas, distribuidor, atacadista, livreiro e bibliotecário, cada um formado por um grande número de firmas. A interface entre firmas de dois setores forma um mercado".

Observe, no diagrama apresentado na Figura 1.3, a cadeia produtiva do livro.

Figura 1.3 – Diversificação dos setores da cadeia produtiva do livro: exemplos de subsetores

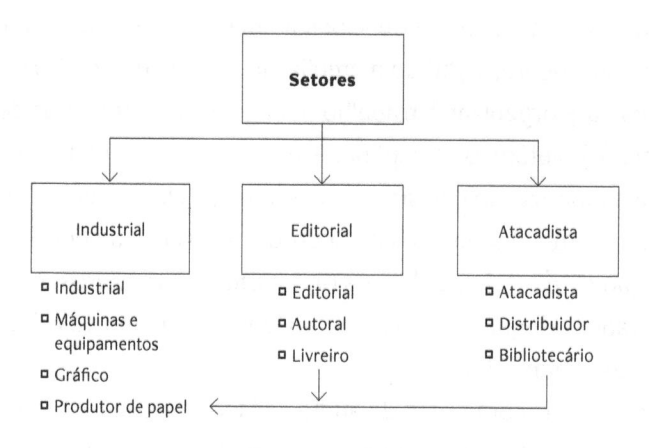

```
                        ┌─────────┐
                        │ Setores │
                        └────┬────┘
           ┌─────────────────┼─────────────────┐
           ▼                 ▼                 ▼
      ┌─────────┐       ┌──────────┐      ┌───────────┐
      │Industrial│       │ Editorial│      │ Atacadista│
      └─────────┘       └──────────┘      └───────────┘
```

- Industrial
- Máquinas e equipamentos
- Gráfico
- Produtor de papel

- Editorial
- Autoral
- Livreiro

- Atacadista
- Distribuidor
- Bibliotecário

Fonte: Elaborado com base em Bandeira, 2009.

Mesmo nos dias atuais, muitos professores, gestores e outros profissionais que atuam na cadeia produtiva do livro ainda defendem o material impresso nas escolas, por uma série de razões, tais como: facilidade de consulta e ampla aceitação por especialistas, professores e alunos; adequação a todas as etapas e modalidades da educação; independência de qualquer equipamento para sua utilização.

Conforme já exposto, o setor editorial integra a cadeia produtiva do livro e se divide em quatro principais segmentos: obras gerais (OG); livros didáticos (LD); livros científicos, técnicos e profissionais (CTP); livros religiosos (R). A maioria das editoras brasileiras concentra suas atividades na edição de livros, embora algumas tenham ampliado seus negócios e voltado seu interesse à produção gráfica, à distribuição e, também, mantenham redes próprias de livrarias (Mello, 2012).

Na última década e no cerne da renomada sociedade da informação, a indústria editorial de livros passou por diversas mudanças estruturais e enfrentou desafios para evoluir internamente no mercado, pela diversificação e especialização das funções dos profissionais, e também externamente, pela multiplicação da produção e da venda de livros *on-line*, além de polêmicas disputas na área de direitos autorais. Conforme adverte Fonseca (2013, p. 87), em sua análise sobre o setor editorial brasileiro, "As livrarias também atravessaram um processo de concentração, principalmente com a aquisição da Livraria Siciliano pela Saraiva, em 2008, e com o crescimento das redes médias e grandes como Livraria Curitiba, SBS, La Selva, Rede Leitura e Livraria Cultura, para citar algumas".

No entanto, segundo uma pesquisa apresentada em 2014 pela International Publishers Association (IPA)[16] (ver Quadro 1.3), o Brasil é o décimo maior mercado editorial do mundo. O relatório dessa entidade (IPA, 2014) também destaca algumas mudanças mundiais experimentadas no setor, tais como: a disputa entre os mercados dos livros impressos e digitais; os novos hábitos de compras *on-line* dos livros pelos consumidores; a criação de novos mercados; os novos clientes; o aumento do número de autores que optam pela publicação independente (autoedição ou *print on demand*); a proliferação das novas tecnologias, que contribui para reinventar a cadeia de produção do livro, entre outras questões.

Quadro 1.3 – O negócio do livro, conforme o Relatório Anual da IPA (outubro 2013-2014)

Posição	País	Ano	Mercado (milhões de euros)
1	Estados Unidos	2013	27.400
2	China	2013	15.342
3	Alemanha	2013	9.536
4	Japão	2013	5.409
5	Reino Unido	2013	3.875

(continua)

---

16 A IPA foi fundada em Paris, França, em 1896, para contribuir com os países na defesa dos direitos autorais e de propriedade. A instituição defende a liberdade de publicação, promove o letramento e apoia ações para a democratização da leitura.

(Quadro 1.3 – conclusão)

Posição	País	Ano	Mercado (milhões de euros)
6	França	2013	4.401
7	Itália	2012	3.110
8	Coreia do Sul	2012	2.974
9	Espanha	2013	2.708
10	Brasil	2013	2.239

Fonte: Elaborado com base em IPA, 2014, p. 13-14, tradução nossa.

O advento e a popularização das novas tecnologias não atingem apenas os hábitos de compra. O aumento do interesse dos consumidores pelo comércio eletrônico também impacta a produção, a distribuição e a recepção do livro. Há, também, implicações no uso dos recursos tecnológicos em programas desenhados para a EaD. Tais implicações podem se referir à maior facilidade e agilidade, à maior autonomia de horários, às atividades *on-line* e à capacidade de inclusão, elementos que podem atrair mais alunos.

Abbad (2007) observa que, no Brasil, a EaD é proposta nos programas de qualificação e formação profissional e, também, na educação corporativa. Outras opções disponíveis são as modalidades híbridas[17] de ensino-aprendizagem, que procuram democratizar o acesso à educação e oferecer condições propícias à aprendizagem contínua.

Este conteúdo sobre a avaliação do material didático teve como objetivo principal apresentar os critérios para a qualificação do livro didático, o qual é, segundo a maioria das opiniões de especialistas, o recurso didático de maior aceitação, o mais democrático e abrangente. Exatamente por isso, tem sido considerado um fio condutor na educação.

---

17 Essa denominação é equivalente à expressão em inglês *blended learning*, que significa "modalidade de aprendizagem combinada", conforme Abbad (2007, p. 362-363): "Esse é um desafio cuja solução seja, provavelmente, as formas híbridas (*blended learning*) de educação a distância, em que os encontros entre os atores – aluno-professor, aluno-aluno, aluno-material, professor-professor, entre outros – possam criar vínculos que facilitem a aprendizagem, mantenham a motivação e aumentem as chances de permanência do aluno até o final do curso."

Síntese

Neste capítulo, abordamos o conceito de material didático e as classificações tradicionalmente atribuídas a ele. Observamos que, entre diferentes acepções e de acordo com cada contexto, o material didático é definido como um conjunto de textos, imagens e recursos concebido com finalidade educativa e que implica a escolha de um suporte. Este pode ser impresso, audiovisual ou fazer uso de novas tecnologias. Vimos, também, que as transformações das tecnologias contribuíram paulatinamente para alterar a produção, a difusão e a recepção do material didático.

Analisamos as principais etapas de desenvolvimento do material didático: concepção, produção e distribuição, cujos resultados dependem de uma cadeia produtiva complexa, que envolve diversos setores, tais como o industrial, o editorial e o atacadista. Por outro lado, qualquer reflexão sobre esse campo profissional principia pelo conhecimento dos programas públicos de distribuição do livro didático e pelos seus critérios de avaliação. Essas ações, coordenadas e desenvolvidas em sequência com o objetivo de ofertar material didático de acordo com a demanda do setor educativo, devem considerar as prescrições legais e os referenciais de qualidade — os quais funcionam como balizadores dos resultados esperados —, além dos sistemas de avaliação de cada nível de ensino.

Indicações culturais

CHARTIER, R. **Programa Memória Roda Viva**. 3 set. 2001. Entrevista. Disponível em: <http://www.rodaviva.fapesp.br/materia/423/entrevistados/roger_chartier_2001.htm>. Acesso em: 7 dez. 2016.

> Em uma entrevista para o programa Memória Roda Viva, realizada em 2001, Roger Chartier reflete sobre as transformações do livro ao longo dos séculos e discute o impacto dos avanços das TICs, como as redes, os *e-books* e as novas formas de se praticarem a leitura e a escrita. Além disso, o autor ressalta que os objetos culturais, em sua dimensão material, são criados por indivíduos mediante processos de produção, circulação e recepção.

GESTÃO ESCOLAR. **A história de um livro didático**. Disponível em: <http://acervo.novaescola.org.br/swf/animacoes/exibi-animacao.shtml?gestao-livro-didatico-2.swf>. Acesso em: 7 dez. 2016.

Conheça um pouco da história do livro didático por meio dessa divertida animação preparada pela revista *Nova Escola*.

MATA ATLÂNTICA: o bioma onde eu moro. Disponível em: <http://www.mata-atlantica.educacaocerebral.org/>. Acesso em: 7 dez. 2016.

A equipe do Laboratório de Educação Cerebral, ligado ao Departamento de Psicologia da Universidade Federal de Santa Catarina (UFSC), desenvolveu o jogo eletrônico educativo *Mata Atlântica – O bioma onde eu moro*. O jogo, disponibilizado sem custos, é dirigido aos estudantes de ensino fundamental e vem acompanhado de um guia para o professor. As escolas podem solicitar a capacitação para o uso do recurso.

OTALARA, A. P. Pesquisadora defende trabalho colaborativo no campo da formação de professores e criação de materiais didáticos. **Revista Educação**, 7 abr. 2014. Entrevista. Disponível em: http://www.revistaeducacao.com.br/pesquisadora-defende-trabalho-colaborativo-no-campo-da-formação-de-professores-e-criacao-de-materiais-didaticos/. Acesso em: 7 dez. 2016.

Aline Piccoli Otalara é professora e desenvolve materiais didáticos. A autora defende o trabalho colaborativo como opção para obter resultados com mais rapidez e eficiência.

Atividades de autoavaliação

1. Qual é a tradicional função do material didático na educação?
    a) O material didático é um conjunto de textos, imagens e recursos concebido com finalidade educativa e que implica a escolha de um suporte, o qual pode ser impresso, audiovisual ou fazer uso de novas tecnologias.
    b) O material didático é formado por *notebook* e ponto de acesso à internet. É importante conhecer as plataformas operacionais para diversificar o desenvolvimento do material didático.

c) O material didático é um conjunto de atividades elaboradas de acordo com o nível de ensino e depende da modalidade: presencial ou a distância.

d) O material didático é uma coleção de livros impressos que deve ser aprovada, selecionada pelos professores e disponibilizada aos alunos pelo Programa Nacional do Livro Didático, para os diferentes níveis de ensino e para cada disciplina.

2. O material impresso pode ser dividido em coleções, a exemplo do que se verifica em alguns programas de distribuição de livro (material) didático do Governo Federal executados em 2015. Indique a alternativa que enumera corretamente elementos que integram esses conjuntos didáticos.

    a) Na educação básica, esses programas federais privilegiam dois tipos de coleções: obras multimídia, com livros impressos e digitais; outra possibilidade, com livros impressos e arquivos em PDF.

    b) Na educação infantil, essas coleções podem contar com mapas, modelos reduzidos de sólidos geométricos, jogos de tabuleiro e pranchas com ilustrações.

    c) Na educação de jovens e adultos (EJA), essas coleções podem contar com mapas climáticos, jogos de tabuleiros e modelos para estudo dos biomas brasileiros.

    d) No ensino fundamental, as coleções podem contar com livros de literatura brasileira e poesia moderna brasileira.

3. O programa de distribuição de livros didáticos (PNLD) foi criado para democratizar o uso do material didático. Como os livros são escolhidos pelos professores?

    a) Os guias de avaliação podem contar com várias etapas: leitura do material, confecção de apontamentos e de sugestões para alterações pelos avaliadores.

    b) A maioria dos guias de avaliação concentra-se em duas etapas: a primeira é dedicada ao atendimento às questões de materialidade (suporte, *design* e *layout*); a segunda refere-se à garantia dos indicadores de qualidade prescritos para o conteúdo.

    c) Os guias de avaliação contêm um formulário que deverá ser preenchido pelo avaliador com as recomendações de alterações e sugestões.

    d) Os guias de avaliação contemplam diversas etapas, que podem ser: levantamento dos problemas, indicação de referências para alterações e sugestões de atividades.

4. O que é *design* instrucional?
   a) A definição mais aceita relaciona *design* gráfico à finalidade de editar um material educativo.
   b) Alguns autores definem *design* instrucional como um conjunto de normas para o desenvolvimento de produtos de *design*.
   c) É uma atividade baseada em princípios de comunicação, aprendizagem e ensino, para a melhoria de materiais e ambientes de aprendizagem, que envolve importantes aspectos ligados à qualidade, o que se traduz em constantes desafios para a sustentabilidade de projetos educacionais.
   d) A definição mais aceita é a que remete à ideia de desenvolvimento de material impresso para a área da educação.

5. Quais são as vantagens do material impresso, de acordo com profissionais que atuam em sua elaboração e que recomendam seu uso?
   a) Muitos professores, gestores e outros profissionais que atuam na cadeia produtiva do livro ainda defendem o material impresso nas escolas por uma série de razões, tais como: facilidade de consulta e ampla aceitação por especialistas, professores e alunos; adequação a todas as etapas e modalidades da educação; independência de equipamento para utilização.
   b) Certos autores preferem usar o computador para a digitação de textos e inserção de imagens. O conteúdo digital pode ser finalizado com programas de edição e impresso com facilidade, o que possibilita a disponibilidade do material com rapidez.
   c) Os programas do governo que garantem a distribuição do material didático priorizam o material impresso, pela facilidade de produção pelas editoras e de distribuição para as escolas.
   d) Muitos professores e outros agentes do campo atuam na cadeia produtiva em favor da manutenção de privilégios dos grandes grupos editoriais, e existem subsídios e ferramentas que beneficiam a produção de material impresso, como a isenção de impostos.

Atividades de aprendizagem

Questões para reflexão

1. O texto depende do suporte e de uma oportunidade para ser lido. Quem defende essa ideia? Qual é sua opinião sobre essa questão?

2. É importante conhecer e aplicar novas tecnologias educacionais. Apresente um exemplo desse tipo de tecnologia e descreva suas funcionalidades para o ensino.

3. Qual é a divisão do material didático adotada em geral no mercado editorial? Cite um exemplo de material didático disponibilizado no mercado pelas editoras comerciais.

Atividades aplicadas: prática

1. Por que o material impresso continua sendo preferido por profissionais que atuam em sua elaboração e que recomendam seu uso? Pesquise sobre o tema em artigos ou pesquisas e exponha suas considerações em um breve parágrafo.

2. Quais foram as principais mudanças sofridas pelo material impresso dirigido à educação em relação à diversificação dos produtos e dos profissionais? Pesquise um exemplo de livro didático que tenha sido publicado em diferentes edições. Elabore um texto que exprima suas conclusões.

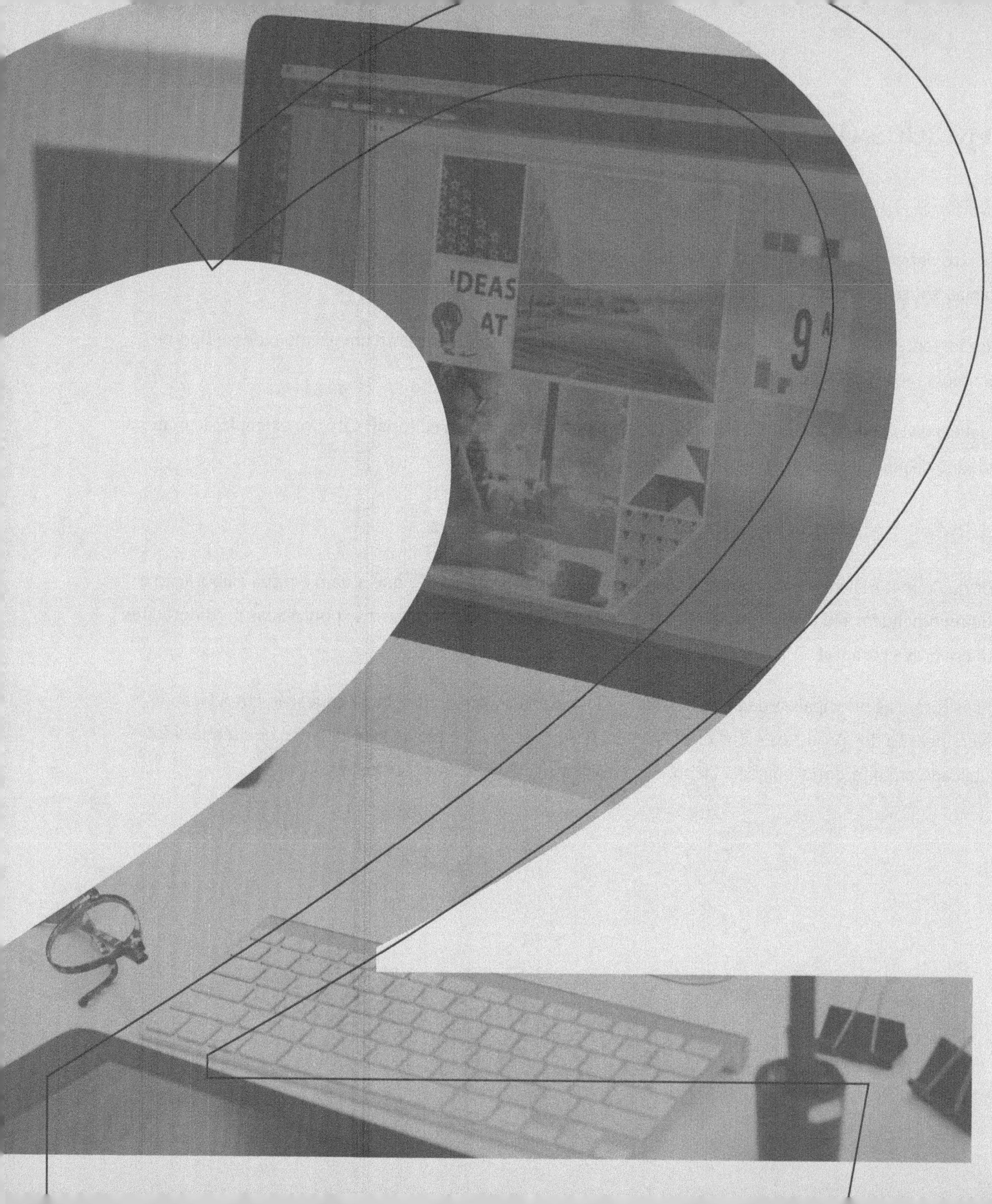
IDEAS
AT
9

Material didático impresso: mediação e ação educativa no ensino de Arte

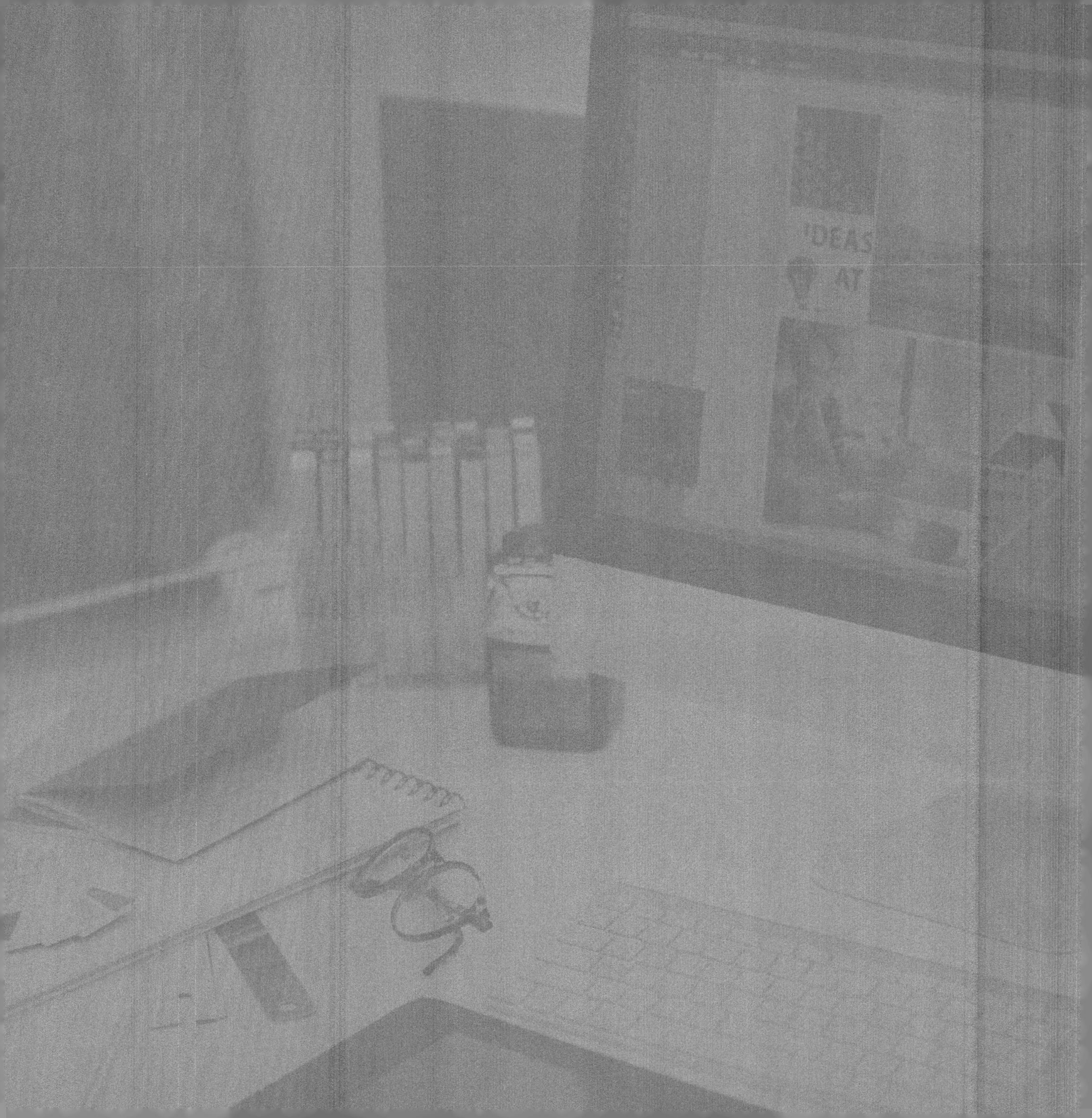
IDEAS
AT

Neste capítulo, vamos refletir sobre o conceito de mediação com base nas contribuições de vários grupos de pesquisadores. Desde a década de 1990, núcleos de pesquisa em universidades e em entidades culturais trabalham com a intenção de constituir um conceito de mediação. Nesse recorte investigativo, foram discutidas pesquisas, principalmente, na área das ciências da informação e comunicação, no âmbito da educação em museus e das políticas públicas de cultura.

Muitas dessas contribuições passaram a ser divulgadas com o apoio das redes de informação e comunicação, por volta dos anos de 2000, e partilhadas por grupos localizados em vários países. Nesse contexto, o termo *mediação* ganhou diferentes contornos e aplicações, uma vez que os trabalhos desses pesquisadores e especialistas possibilitaram uma reflexão abalizada e atualizada sobre a mediação e, em especial, sobre a mediação cultural.

Conhecer os diferentes conceitos de mediação contribui com as práticas do professor, do artista ou do educador em suas propostas de ação didática, cultural ou educativa. Tendo isso em mente, vamos ponderar sobre as definições e aplicações da mediação, considerando que o conceito perpassa várias áreas de conhecimento.

2.1 Mediação: Por quê? Para quem? Como?

Circunscrever um conceito da mediação é uma questão complexa. É possível identificar, nos campos da educação, da cultura e da arte, como são realizados os processos de mediação? Quais dessas práticas colaboraram com a formação e a educação em arte e cultura?

Desde o final dos anos de 1990, a noção de mediação vem sendo largamente aplicada no campo das ciências de informação e comunicação; também como um conceito, nas áreas jurídicas nas instâncias de regulação social; e, principalmente, nos processos de formação e educação, em arte e na cultura.

Nos anos de 2000, numa conjuntura globalizada[1] sobre o papel ativo da cultura na constituição da sociedade contemporânea, surgiram grupos[2] interessados em investigar a mediação e suas relações com a produção, a distribuição e a recepção no sistema da arte. Em países como França, Canadá, Brasil e Portugal, esses núcleos constituíram-se em universidades, foram criados por entidades não governamentais e, também, estavam ligados aos órgãos gestores de políticas públicas nas áreas de educação e de cultura.

Em 1996, na França, o Groupe de Recherche sur les Enjeux de la Communication (Gresec)[3], da Universidade de Grenoble, foi fundado para desenvolver pesquisas na área das ciências de comunicação, especificamente sobre a mediação cultural. No âmbito da educação em museus, esse grupo contribuiu para a difusão e a discussão desse tema e para a formulação de um vocabulário que é compartilhado por vários núcleos de pesquisa ao redor do mundo.

---

[1] Em novembro de 2001, a Organização das Nações Unidas para Educação, a Ciência e a Cultura (Unesco) divulgou a Declaração Universal sobre a Diversidade Cultural, que disseminou globalmente a noção de direito à diversidade cultural, além de sustentar a centralidade da cultura nos debates sobre identidade, sociedade e desenvolvimento econômico.

[2] Existem grupos de pesquisa na área de educação em museus, com diferentes especificidades, em atuação desde 1980 até os dias de hoje, tais como: Australian Museum Audience Research Center (Amarc); Group for Education in Museums (GEM); Groupe de Recherche sur l'Éducation et les Musées (Grem) (Bizerra, 2009).

[3] O Gresec, Laboratoire de l'Université Stendhal Grenoble 3 (França), foi criado em 1996.

Nesse contexto, um grupo de estudos criado em Montreal[4] (Quebec, Canadá) reuniu ideias sobre políticas públicas para as artes e a mediação cultural e, desde 2003, vem desenvolvendo estratégias de apoio e diversidade para implementar ações culturais, intercâmbios e encontros entre os circuitos culturais e artísticos, preocupando-se com o acesso público e a oferta cultural.

Esses núcleos e a disseminação dos estudos sobre educação em museus a partir das redes de comunicação foram fundamentais para a atualização dos modelos de gestão em instituições de cultura e de arte, com trocas de experiências sobre políticas, programas e mediação.

Entre os grupos acadêmicos de pesquisa no Brasil, destaca-se o Mediação Cultural: Contaminações e Provocações Estéticas, fundado pela professora Mirian Celeste Martins, em 2003, no Instituto de Artes da Universidade Estadual Paulista (Unesp), com investigações sobre arte e público (CNPq, 2016). Em 2009, o grupo foi transferido para a Universidade Presbiteriana Mackenzie e passou a integrar o Programa de Pós-Graduação em Educação, Arte e História da Cultura.

O conceito de curadoria estética foi desenvolvido pela pesquisadora Mirian Martins e, com a divulgação dessas experiências em eventos e publicações, tem sido aplicado em práticas educativas e culturais no ensino de Arte: "São muitas as atuações envolvidas na mediação cultural, porém, sua paisagem conceitual e o fazer da mediação em diferentes situações e lugares é ainda nova e sedenta de pesquisas e reflexões, embora isto venha se transformando nos últimos anos" (Martins; Picosque, 2012, p. 7).

No panorama internacional, desde 2012, destaca-se o trabalho da organização Mapas de Ideias, sediada em Lisboa, Portugal, que estabeleceu parcerias com pesquisadores de outros países europeus, como é possível ver na Figura 2.1, para investigar[5] a mediação da cultura nas atividades realizadas em museus. O levantamento realizado originou uma série de documentos resultantes da análise e reflexão

---

4   Esse grupo foi criado no Departamento de Sociologia da Universidade de Quebec, com apoio do Ministério da Cultura, da Comunicação e da Condição Feminina (MCCCF) do Canadá, sob a liderança dos professores Louis Jacob e Anouk Bélanger, com o propósito de, com base em um levantamento histórico dessas práticas desde a década de 2000, mapear diferentes entidades e organizações que atuaram na área de mediação cultural entre 2005 e 2008 (Jacob; Bélanger, 2009).

5   O grupo estabeleceu o European Project Museum Mediators, de atuação compartilhada com entidades de cinco países na Europa — Portugal, Itália, Espanha, Estônia e Dinamarca (Museum Mediators, 2016).

sobre as condições locais, com depoimentos dos participantes sobre a educação em museus, aspectos e características da atuação dos profissionais e dos processos de mediação.

As contribuições desse grupo resultaram em guias, vocabulários, livros, artigos e propostas para cursos de formação que consideraram as necessidades profissionais e institucionais da área, modelos sugeridos para a área de educação e de mediação em museus. O documento *Guidelines for museum mediators professionals in Europe* foi um dos resultados publicados[6] *on-line*. Entre as reflexões sobre o campo, destacou-se um levantamento sobre o perfil profissional dos mediadores que, com diferentes formações acadêmicas, ainda não contavam com experiências em comunicação e educação, conhecimentos considerados indispensáveis para a atuação no dia a dia dos museus (Museum Mediators, 2016).

Figura 2.1 – Mapa geográfico da Europa – marcação dos países que participaram da pesquisa

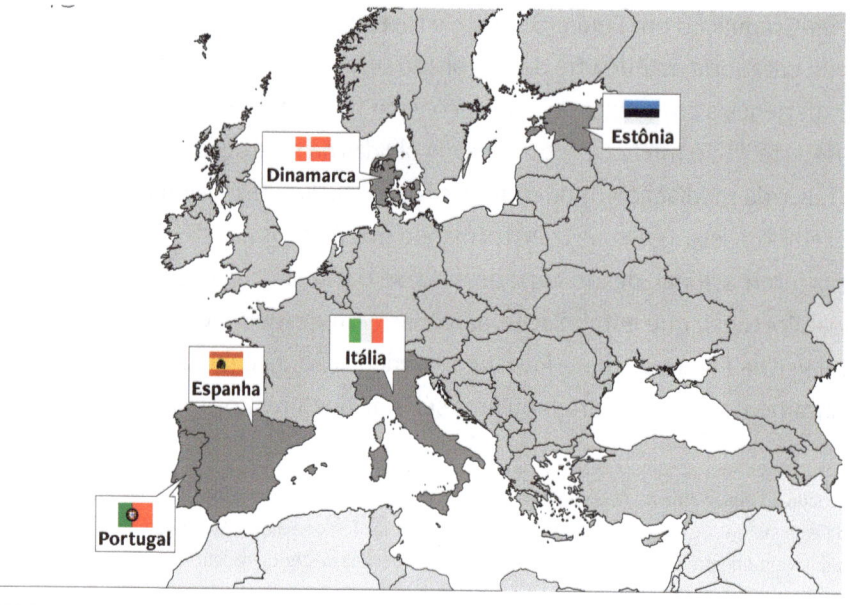

---

[6] Participaram dessa edição, entre 2012 e 2014, os países: Estônia, Finlândia, Itália, Espanha e Portugal. A Dinamarca não integrava o grupo nessa etapa. Os documentos foram disponibilizados no endereço eletrônico do projeto (http://museummediators.eu).

2.1.1 Definições do termo *mediação*: etimologia e usos

O termo *mediação* ganhou diferentes contornos na contemporaneidade. Seu conceito é aplicado no âmbito jurídico ou em espaços educativos de museus, bem como associado às práticas de informação e de leitura na área das ciências de informação e comunicação. A função da mediação por um agente social ou por dispositivos técnicos acontece tanto na mediação pedagógica quanto na mediação cultural.

Na **mediação pedagógica**, o professor, no papel de mediador, ocupa a posição de um terceiro – comporta um componente relacional e está envolvido em relações de ensino-aprendizagem. Na **mediação cultural**, é preciso refletir sobre esse conceito num contexto ampliado, como um percurso, da esfera pública para um espaço individual. Muitos pesquisadores em vários países se dedicaram a mapear essas aplicações, sistematizando terminologias na área museológica e das políticas públicas para a cultura.

Desde os anos de 1970, um grupo multidisciplinar criado pelo Conselho Internacional de Museus (International Council of Museums – Icom)[7], segundo Decarolis (2013), atuou no desenvolvimento de uma análise crítica da terminologia museológica, em especial, com base em países francófonos: Bélgica, Canadá, França e Suíça. Essa equipe se dedicou por mais de 20 anos para apresentar um notável trabalho científico de investigação e síntese, com destaque para um dicionário de museologia que contém os principais termos desse campo de estudos.

Observe o seguinte verbete: "**MEDIAÇÃO** s. f. (século XV, do latim *mediatio*: mediação, entremeio) – Equivalente em francês: *médiation*; inglês: *mediation, interpretation*; espanhol: *mediación*; alemão: *Vermittlung*; italiano: *mediazione*." (Desvallées; Mairesse, 2013, p. 52, grifo do original).

Nesse dicionário, publicado finalmente em 2013, a palavra *mediação* foi apresentada com base em sua raiz etimológica med (do latim *médium, medius, mediator*), que significa "meio" e cujo radical pode ser encontrado em muitas línguas: inglês, espanhol, alemão, francês e português, para citarmos apenas algumas. Essa explicação reforça a ideia de que a mediação estabelece um terceiro elemento, que se localiza entre dois polos e atua como um intermediário (Desvallées; Mairesse, 2013).

---

[7] O comitê adota para seu campo de estudos três línguas oficiais: francês, inglês e espanhol.

O uso do termo *mediação* foi cadastrado no dicionário do Icom de acordo com as expressões adotadas em países de língua francesa: "Na museologia, o termo 'mediação', depois de mais de um século, veio a ser utilizado com frequência, principalmente na França e nos países francófonos da Europa, onde se fala em 'mediação cultural', 'mediação científica' e 'mediador'" (Desvallées; Mairesse, 2013, p. 53).

Por outro lado, no contexto brasileiro, já no final da década de 1990, a expressão *mediação cultural* integrou o *Dicionário crítico de política cultural*, de Teixeira Coelho, e foi definida com base em sua aplicação nas políticas públicas e vinculação com os seguintes termos: *agente cultural, animação cultural, fabricação cultural, intermediação cultural, interpretação*. Em síntese, o conceito de mediação cultural combina processos, funções e variedade de propósitos:

> Processos de diferente natureza cuja meta é promover a aproximação entre indivíduos ou coletividades e obras de cultura e arte. Essa aproximação é feita com o objetivo de facilitar a compreensão da obra, seu conhecimento sensível e intelectual – com o que se desenvolvem apreciadores ou espectadores, na busca da formação de públicos para a cultura – ou de iniciar esses indivíduos e coletividades na prática efetiva de uma determinada atividade cultural. Entre as atividades de mediação cultural estão as de orientador de oficinas culturais, monitores de exposições de arte, animadores culturais, museólogos, curadores, profissionais das diversas áreas que constituem um centro cultural, bibliotecários de bibliotecas públicas, arquivistas e guias turísticos. Os diferentes níveis em que essas atividades podem ser desenvolvidas caracterizam modos diversos da mediação cultural, como a ação cultural, a animação cultural e a fabricação cultural. (Teixeira Coelho, 1997, p. 247)

Esse dicionário brasileiro apresentou uma série de verbetes no contexto das políticas públicas de cultura. A justificativa para esse levantamento foi a efervescência do tema na década de 1980, marcada pelo aumento de seminários e cursos de especializações voltados à área da mediação cultural, então resumida como "o domínio das ações entre a obra de cultura, seu produtor e seu público, em substituição ou complementação aos antigos cursos mais ou apenas preocupados com a obra, sua produção, intelecção e conservação (como cursos de artes plásticas, cinema, teatro, museologia, biblioteconomia)" (Teixeira Coelho, 1997, p. 8).

Durante esse período, o significado do termo *mediação cultural* estava relacionado a uma ação que se estabelecia entre obra, produtor e público. A função da mediação cultural, como sentenciou Teixeira Coelho (1997), nesses estudos, extrapolava uma preocupação com as obras artísticas e culturais conforme as finalidades de produção, intelectuais e de conservação, já apregoadas pelos currículos tradicionais dos cursos de artes, museologia e biblioteconomia.

O século XXI foi saudado pelos organismos internacionais como uma oportunidade para a rediscussão do lugar e do sentido da cultura na constituição de um debate que precisava estabelecer-se em contraposição à arte: "A cultura de fato é, por enquanto, o último recurso comum das sociedades chamadas ocidentais no século 21" (Teixeira Coelho, 2008, p. 12).

Nesse contexto, o valor da mediação cultural acontece nas aproximações propostas entre o público e as obras de cultura e arte, principalmente em instituições na área da **museologia**. A crescente relevância dos museus nos dias atuais também foi fruto de documentos oficiais difundidos pela Unesco, como a Declaração de Caracas (1992), que apontou como principal função museológica os processos de comunicação.

Consequentemente, no cômputo geral, a museologia contemporânea vai se concentrar na função social dos museus, independentemente da tipologia de cada instituição: "Entretanto, à medida que o museu passou a estar menos voltado para si próprio e mais voltado para o público – outra das tendências das últimas décadas –, começou igualmente a dedicar-se mais atenção ao papel educativo dos museus" (Mendes, 2009, p. 37).

No início dos anos de 2000, com o propósito de investigar os significados da palavra *mediação*, o pesquisador francês Davallon (2007) selecionou um conjunto exploratório[8] de textos das ciências

---

8   O autor pesquisou nesse levantamento, entre outros conjuntos de textos, trabalhos apresentados nas quatro últimas edições dos congressos da Sociedade Francesa das Ciências da Informação e Comunicação (SFSIC), entidade criada em meados de 1970, na cidade de Paris, na França.

da informação e comunicação e identificou três usos: 1) comum ou incidente; 2) conceito operatório; 3) utilização como definição. Observe a distribuição dos usos e suas definições no Quadro 2.1:

Quadro 2.1 – Usos do termo *mediação*

	Usos do termo *mediação*		Definição
1	Comum ou incidente	Senso comum, primeiro uso.	Situação de conflito e mediação, pretende obter conciliação ou reconciliação das partes.
		Senso comum, lugar do intermediário[9] que comunica melhor.	"É a ideia de que esta ação não estabelece uma simples relação ou uma interação entre dois termos do mesmo nível, mas que ela é produtora de qualquer coisa de mais, por exemplo de um estado mais satisfatório" (Davallon, 2007, p. 6).
2	Conceito operatório	Uso para designar, descrever ou analisar um processo específico.	Uso nos meios de comunicação (mediação midiática), na mediação pedagógica e na mediação cultural.
			Uso do termo sob a categoria[10] de mediação institucional (concepção política ou abordagem sociológica).
3	Definição	Corresponde às análises dos usos combinados das tecnologias com a comunicação.	"A noção de mediação parece, portanto, designar, neste caso, as operações – assim como os seus efeitos – de tecnicização do processo de comunicação (mediação técnica) e, ao mesmo tempo, da intervenção da dimensão subjetiva nas práticas de comunicação (mediação social)" (Davallon, 2007, p. 9).

Fonte: Elaborado com base em Davallon, 2007.

---

9   Essa concepção é semelhante à ideia tradicional de profissionais nas funções de mediadores, jornalistas ou bibliotecários, arquivistas, museólogos etc.

10   Esses usos variam e tratam de concepções políticas (encontro de culturas, diversidade e complexidade culturais) ou sociológicas (mediações sociais, em empresas ou redes sociais).

Durante a investigação desse *corpus*, Davallon (2007) constatou como marca distintiva da mediação a presença de um terceiro elemento, cuja ação apresentou quatro características:

1. Produz um efeito sobre o destinatário da comunicação que acontece em vários níveis; valoriza e respeita o sujeito, sem instrumentalizá-lo.
2. Promove uma modificação de estado do objeto, do ator ou da situação.
3. Como mediador, o terceiro elemento é a ação humana ou o operador objetivado sob a forma de dispositivo (ou ambos).
4. A ação do terceiro tem impacto sobre o ambiente social.

Essa questão foi sintetizada pela noção de mediação e pela transformação que permanece implícita:

> Por conseguinte, o primeiro contato que podemos fazer é que a noção de mediação aparece cada vez que há necessidade de descrever uma ação implicando uma transformação da situação ou do dispositivo comunicacional, e não uma simples interação entre elementos já constituídos – e ainda menos uma circulação de um elemento de um polo para outro. (Davallon, 2007, p. 10)

A seguir, observe a Figura 2.2, que contém um diagrama dos processos desenvolvidos na mediação.

Figura 2.2 – Diagrama baseado nos processos de mediação

Mediador → Objeto → Público

- Produz um efeito sobre o destinatário da comunicação (público) em vários níveis; valoriza e respeita o sujeito, sem instrumentalizá-lo.
- Há uma modificação de estado do objeto, do ator ou da situação.
- Como mediador, o terceiro elemento (mediador) é a ação humana ou o operador objetivado sob a forma de dispositivo (ou ambos).

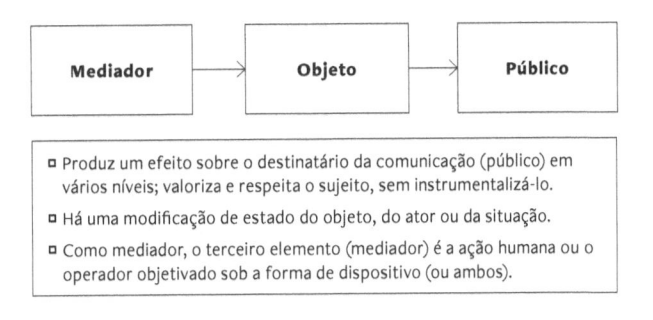

Fonte: Elaborado com base em Davallon, 2007, p. 11.

Em 2012, em um seminário realizado no Brasil sobre mediações em museus de arte e tecnologia, as pesquisadoras Adriana Fontes e Rita Gama destacaram os seguintes significados para o termo *mediação*, extraídos do *Dicionário Houaiss da língua portuguesa*:

1. Ato ou efeito de mediar;
2. Ato de servir de intermediário entre pessoas ou grupos; intervenção, intermédio;
3. Rubrica: etnografia, religião. Intercessão junto a um santo, a uma divindade etc. para obter proteção;
4. Rubrica: termo jurídico. Procedimento que visa à composição de um litígio, de forma não autoritária, pela interposição de um intermediário entre as partes em conflito. (Fontes; Gama; 2012, p. 2)

Esse levantamento sobre os significados do termo *mediação*, seus usos e aplicações nas áreas jurídicas e na educação em museus, remete a diferentes metodologias de pesquisa. No entanto, observamos semelhanças, principalmente, em relação aos compêndios sobre estudos em museus e também quanto às políticas públicas de cultura e na área de informação e comunicação.

Em 2014, com base em estudos sobre esse termo que envolveram pesquisadores que atuam em instituições museológicas na Europa, as orientações difundidas pela publicação *Guidelines*[11] (Museum Mediators, 2016) apontaram para um significado vinculado ao uso predominante da mediação em museus, bem como à concepção, já comentada por Davallon (2007), de ação realizada com o propósito de intermediar partes em desacordo.

Nessa recente pesquisa, sintetizada no *Guidelines* (Museum Mediators, 2016), a atuação do mediador foi compreendida, metaforicamente, como uma ponte e parte de um processo de ligação. As mesmas observações já tinham sido apontadas com base no sentido etimológico do termo, investigado por Davallon (2007), Fontes e Gama (2012) e Desvallées e Mairesse (2013).

---

[11] Participaram dessa etapa do projeto: Mapa das Ideias (Portugal); European Center for Cultural Organization and Management — Eccom (Itália); Universidade de Barcelona (Espanha); Museu Nacional da Estônia (Estônia); e Helinä Rautavaara Museum (Finlândia).

As definições do termo *mediação* comentadas pelos autores citados apresentaram um recorte temporal com base nas investigações locais comparadas entre instituições e países. Outra discussão de relevância foi produzida em análises na área de ciências da informação e comunicação, no âmbito do Gresec, pelo pesquisador francês Caune, que ofereceu a seguinte síntese do conceito:

> A mediação cultural é bem mais do que uma organização de formas da cultura e da comunicação: ela é a estetização de apresentações, de atividades ou de representações, que têm materialidade de significantes e manifestações e que constroem um sentimento de pertencimento em um contexto de referência.
> (Caune, 2014, p. X)

Os exemplos citados destacaram a década de 1990 como pródiga em pesquisas internacionais sobre a educação e a aprendizagem em museus; na década de 2000, a globalização possibilitou grande expansão via redes e maior colaboração entre pesquisadores de diferentes países.

Nesse panorama, no Brasil, surgiram pioneiras investigações sobre interações sociais e recepção no contexto dos estudos de comunicação, conforme Cazelli, Marandino e Studart (2003, p. 93): "É importante ressaltar que os 'estudos de recepção' enfatizam o papel da mediação, dando igual importância tanto para a produção quanto para a recepção no processo de comunicação".

Por outro lado, também foi possível identificar um crescimento do número de pesquisas acadêmicas sobre os processos de mediação realizados em grandes exposições e eventos de arte, tais como a Bienal de São Paulo e a Bienal Mercosul (em Porto Alegre, no Rio Grande do Sul), que acontecem no Brasil, e também a Documenta[12], realizada em Kassel (Alemanha).

---

12 A exposição acontece a cada cinco anos, e sua primeira edição foi realizada em 1955, com a intenção de atrair turistas a Kassel, na Alemanha, bem como de se contrapor ao imaginário público contaminado desde a mostra Arte Degenerada, realizada em 1937, em Munique, a qual resultou na exclusão, promovida pelo regime nazista, das obras das vanguardas artísticas do acervo dos museus na Alemanha.

2.1.2 Mediação: quem é o público?

Em resposta à questão de como identificar ou ampliar o número de visitantes, uma pesquisa precursora foi realizada com os museus de arte na França, em meados dos anos de 1960, e tornou-se um marco que vale ser indicado para balizar qualquer uma das indagações contemporâneas. O importante sociólogo Pierre Bourdieu[13] e sua equipe investigaram as diferentes categorias sociais e a distribuição segundo o nível de escolaridade do público e concluíram:

> Se é verdade que a visitação aos museus e, mais particularmente, aos museus de pintura está ligada de forma direta e estrita ao nível de instrução e do turismo, segue-se, por exemplo, que o público só pode aumentar na medida em que a escolarização prolongada se estenda a novas camadas sociais e na medida em que o turismo (cujo desenvolvimento está ligado ao aumento do tempo livre e à elevação dos rendimentos) também se torne uma prática mais frequente e mais geral. (Bourdieu, 2012, p. 57)

Entre as recomendações desse pesquisador, incluem-se a ampliação do número de visitantes e a diversificação das ações educativas, para incentivar a frequência e atrair novos públicos. Oportunamente, Bourdieu (2012) reiterou as diferenças entre as políticas de oferta e de demanda; para isso, era preciso romper o isolamento daqueles que já não tinham acesso aos museus. Qual é o interesse do público visitante em museus de arte? Por que a duração e a frequência das visitas são importantes para instituir um hábito? Como e por que diversificar a programação dos museus? São questões que, se respondidas, contribuem para uma compreensão das implicações entre oferta e demanda.

A emergência das políticas culturais no Brasil, conforme defende Rubim (2008), aconteceu recentemente, durante o primeiro mandato de governo do ex-Presidente Luís Inácio Lula da Silva, de 2003 até 2007, com a gestão de Gilberto Gil no Ministério da Cultura.

---

13   Pierre Bourdieu faleceu em 2002. A pesquisa (que deu origem ao livro *O amor pela arte: os museus de arte na Europa e seu público*) foi apresentada pelo autor em um colóquio realizado em 1964 e divulga os primeiros resultados de uma pesquisa sobre o público dos museus. O livro, escrito em conjunto com Alain Darbel, foi publicado na França em 1969. A tradução foi lançada no Brasil em 2007.

A razão para tal surgimento inicialmente se sustentou na priorização de dois pontos nesse debate: o papel ativo do Estado nacional e a implementação de políticas de cultura. "Mas dois outros movimentos assumem lugar central na construção de políticas de Estado no campo cultural: a implantação e desenvolvimento do Sistema Nacional de Cultura (SNC) e do Plano Nacional de Cultura (PNC)" (Rubim, 2008, p. 196).

Desde 2003, as primeiras discussões sobre a instituição de uma política nacional para os museus foram encaminhadas pelo Estado e pela sociedade. Tais debates defenderam formas diferentes de fomento e a implantação de instrumentos de gestão, além da criação do Sistema Brasileiro de Museus (SBM), da definição dos estatutos de museus e da regulamentação do próprio Instituto Brasileiro de Museus (Ibram). Essas ações culminaram na elaboração do Plano Nacional Setorial de Museus em 2010.

O desenvolvimento e a implementação dessas políticas públicas foram prioritários para a renovação dos programas museológicos, pois propiciaram algumas melhorias: modernização na gestão institucional das entidades da área museal, maior diversificação das ações educativas, ampliação e atendimento de diferentes tipos de públicos etc.

O *Relatório do 2º Trimestre de 2013*, da Associação Pinacoteca Arte e Cultura (Apac), referente à gestão da Pinacoteca do Estado de São Paulo, descreveu o programa de exposições e da programação cultural com maior diversificação de ações e de público, com o atendimento às pessoas idosas e de comunidades periféricas:

> Suas ações se estruturam a partir de duas frentes complementares: a realização de visitas educativas à Pinacoteca de grupos de idosos e a organização de um curso de formação para educadores e profissionais das áreas de saúde e assistência social que atuam junto a esses grupos, a fim de que possam apropriar-se do museu em suas práticas socioeducativas. (São Paulo, 2013, p. 27)

Essas propostas visavam diversificar o público-alvo e, também, a oferta de ações educativas pela instituição, ao incluir tanto um grupo de idosos com dificuldade de acesso, em virtude da faixa etária ou do perfil sociocultural, quanto profissionais de saúde, mediadores potenciais do acervo museológico para o grupo em questão.

O relatório apresenta também os resultados das primeiras pesquisas de satisfação do público (índice maior ou igual a 80%) quanto às exposições da Pinacoteca Luz e da Estação Pinacoteca no segundo trimestre de 2013. Além disso, é possível analisar a distribuição de visitantes, durante o mesmo período, de acordo com o tipo das ações da programação (ver Quadro 2.2).

Quadro 2.2 – Distribuição das ações dirigidas ao público, indicador, período e metas realizadas, conforme o relatório de gestão da Pinacoteca do Estado de São Paulo

Item	Ações	Indicador	Período	Meta realizada
1	Atender pesquisadores na Biblioteca Walter Wey	N. de pesquisadores atendidos	2º trim.	393
2	Atender pesquisadores no Cedoc	N. de pesquisadores atendidos	2º trim.	64
3	Receber público nos cursos e seminários realizados (Curso de História da Arte e Cidoc)	N. de participantes nos cursos e seminários	2º trim.	67
4	Receber visitantes na Pinacoteca Luz	N. de visitantes	2º trim.	94.717
5	Receber visitantes na Estação Pinacoteca	N. de visitantes	2º trim.	14.913
6	Propiciar visitas mediadas para estudantes de ensino público e privado na exposição "Arte no Brasil" e "Projeto Octógono de Arte Contemporânea"	N. de pessoas atendidas	2º trim.	11.165
7	Propiciar visitas mediadas para público diversificado na Pinacoteca Luz	N. de pessoas atendidas	2º trim.	2.912
8	Propiciar visitas mediadas na Estação Pinacoteca	N. de pessoas atendidas	2º trim.	3.963

(continua)

(Quadro 2.2 – conclusão)

Item	Ações	Indicador	Período	Meta realizada
9	Realizar atendimento de públicos-alvo por meio do projeto Pisc – Programas Educativos Inclusivos	N. de pessoas atendidas	2º trim.	673
10	Realizar atendimento de públicos-alvo por meio do projeto Pepe – Programas Educativos Inclusivos	N. de pessoas atendidas	2º trim.	495
	Total			**129.362**

Fonte: Elaborado com base em São Paulo, 2013, p. 6-13.

Essa pesquisa realizada sobre a satisfação do público em relação à programação das exposições da Pinacoteca não especifica quais foram os itens avaliados, tampouco a variedade ou o tipo das mostras. No entanto, oferece uma condição de satisfação elevada no quesito "exposições" para a instituição, que atendeu, em um trimestre, cerca de 129.000 pessoas. Além disso, indica uma variada oferta de ações educativas, desde espaço de pesquisa até programas inclusivos.

2.2 Ação educativa: público e contextos

No Brasil, as ações educativas têm sido realizadas pelos museus desde meados do século XX. Contudo, a multiplicação dos setores educativos e a profissionalização das equipes passaram a ocorrer gradativamente, e somente na década de 1980 esses departamentos foram institucionalizados em importantes museus, como o Museu Lasar Segall e o Museu de Arte Contemporânea de São Paulo (MAC-SP) (Brasil, 2014a).

Quais definições da expressão *ação educativa* têm sido aplicadas às propostas em museus ou bienais? Observe o Quadro 2.3 e reflita sobre algumas definições apresentadas no glossário da *Revista Museu*, uma publicação *on-line* da área museológica, e por especialistas e educadores.

Quadro 2.3 – Definições da expressão *ação educativa*

Revista Museu, 2016	Procedimentos que promovem a educação no museu. O acervo é o centro destas atividades; propostas de transmissão de conhecimento dogmático ou dedicado a ampliar a participação, reflexão crítica e transformação da realidade social; propostas que visam assegurar a ampliação das possibilidades de expressão de indivíduos e grupos nas diferentes esferas da vida social; atividades que objetivam oferecer benefícios para a vida em sociedade, em última instância, fortalecem o papel social dos museus.
Julião, 2008.	Contempla os elementos fundamentais do processo de comunicação que, juntamente com a preservação e a investigação, formam o pilar de sustentação de todo museu, qualquer que seja sua tipologia; formas de mediação entre o sujeito e o bem cultural, as ações educativas facilitam sua apreensão pelo público, com o objetivo de angariar respeito e valorização do patrimônio da cultura.
Grinspum, 2000.	Formas de mediação que propiciam aos diversos públicos a possibilidade de interpretar bens culturais e possibilitam encontrar os mais diversos sentidos, no exercício da cidadania e da responsabilidade social de compartilhar, preservar e valorizar patrimônios, materiais e imateriais, com excelência e igualdade.

Fonte: Elaborado com base em Bandeira, 2014, p. 178.

Há uma variedade de definições para a expressão *ação educativa*, conforme as descrições fornecidas pelas próprias instituições em programas específicos e divulgadas por publicações da área. Entretanto, as ações educativas, de acordo com Marandino (2008) e Van-Präet e Poucet (1992), caracterizam-se, principalmente, por elementos (conforme Figura 2.3) como o **espaço** (arquitetônico, da área expositiva, do trajeto), o **tempo** (deslocamento, da visita, dedicado à apreciação do objeto) e, por fim, o **objeto** (aspecto histórico, simbólico, material e outros).

Figura 2.3 – Elementos que integram uma ação educativa

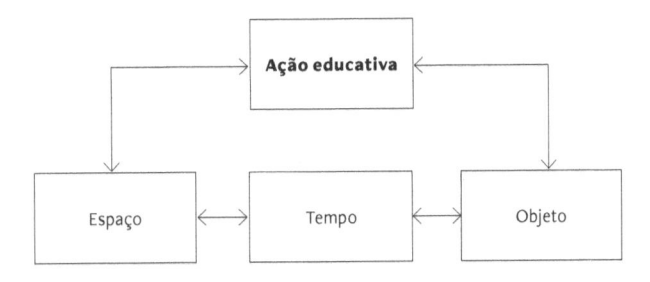

```
              Ação educativa
         ↙         ↓         ↘
    Espaço  ↔  Tempo  ↔  Objeto
```

Fonte: Elaborado com base em Marandino, 2008; Van-Präet; Poucet, 1992.

Os elementos constitutivos da ação educativa precisam ser integrados também aos propósitos educativos e comunicacionais das instituições museológicas, da curadoria e do público das exposições em questão.

No contexto atual da educação museal, algumas variações dos modelos da ação educativa vêm sendo identificados por pesquisadores. Martins (2011) defende o modelo de Allard e Landry (2009), proposto pelo Groupe de Recherche sur l'Éducation et les Musées (Grem), da Université du Québec à Montréal (Canadá), em virtude de uma maior aproximação entre museu e escola e, ainda, pela pressuposição de um maior aproveitamento dos estudantes em visitas ao museu, conforme exposto na Figura 2.4.

Figura 2.4 – Modelo de Allard e Landry (2009) – Grem, Université du Québec à Montréal (Canadá)

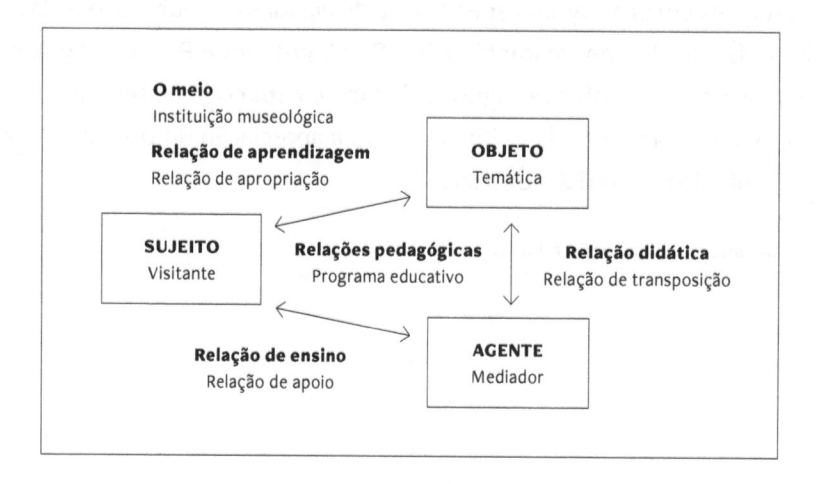

```
O meio
Instituição museológica
Relação de aprendizagem              OBJETO
Relação de apropriação               Temática

    SUJEITO      Relações pedagógicas       Relação didática
    Visitante    Programa educativo         Relação de transposição

              Relação de ensino             AGENTE
              Relação de apoio              Mediador
```

Fonte: Elaborado com base em Martins, 2011, p. 119

Por outro lado, observe que a exposição vai funcionar como um centro de articulação, na instituição museológica, destes elementos: sujeito-objeto-agente. Tal afirmação foi admitida por Marandino (2011, p. 106), ao defender a unidade básica da educação museal: "A exposição e as relações dela com o público configuram, desse modo, a base do sistema didático museal, sendo a matéria-prima a partir da qual os educadores de museu se apoiam ao planejar grande parte das suas ações."

No entanto, a exposição expressa um discurso curatorial. Consequentemente, com base nos estudos de recepção (ou percepção) e da produção de sentido pelo público, torna-se possível distinguir nuances de uma política curatorial da instituição museal: "Dentre as várias formas e possibilidades de comunicação entre os museus e a sociedade, as exposições serão priorizadas em razão de constituírem etapa importante no processo curatorial, embora esse não se esgote ou finalize na montagem de exposições" (Sanjad; Brandão, 2008, p. 27).

Nos estudos mencionados, as pesquisas de público e avaliações de exposições têm sido em geral baseadas em modelos de comunicação que orientam metodologias específicas. Esses modelos evoluíram em sintonia com as transformações das teorias comunicacionais, até compreender o receptor como um sujeito ativo[14] desse processo: "Cada vez mais se defende que as investigações e as ações relativas ao papel educacional dos museus sejam realizadas na perspectiva do visitante, das suas concepções, da sua agenda, de seus conhecimentos e interesses" (Cazelli; Marandino; Studart, 2003, p. 93).

É importante refletir sobre a elaboração das exposições e a diversificação das ações educativas para compreender as relações entre essas proposições e os visitantes e, consequentemente, para promover maior adequação às especificidades do público-alvo (faixa etária, perfil sociocultural, escolaridade, contexto pessoal etc.).

Em 2006, uma pesquisa sobre ações educativas em museus brasileiros foi realizada pelo Comitê Internacional para a Educação e a Ação Cultural (Committee for Education and Cultural Action – Ceca)/Icom[15] – Brasil. Essa investigação apresentou um mapeamento com base em questionários enviados aos setores educativos, com a intenção de identificar a tipologia e a diversidade dessas práticas (Bandeira, 2014).

No Gráfico 2.1, observamos maior preponderância das visitas escolares (70%) e das visitas de público em geral (40%) em relação às demais atividades.

---

14   "A história, os hábitos, a visão de mundo de cada país ou região são fundamentais na composição do contexto pessoal do visitante" (Almeida, 2005, p. 47).

15   Entidades com representação no Brasil.

Gráfico 2.1 – Tipologia das ações educativas em museus brasileiros – 2006

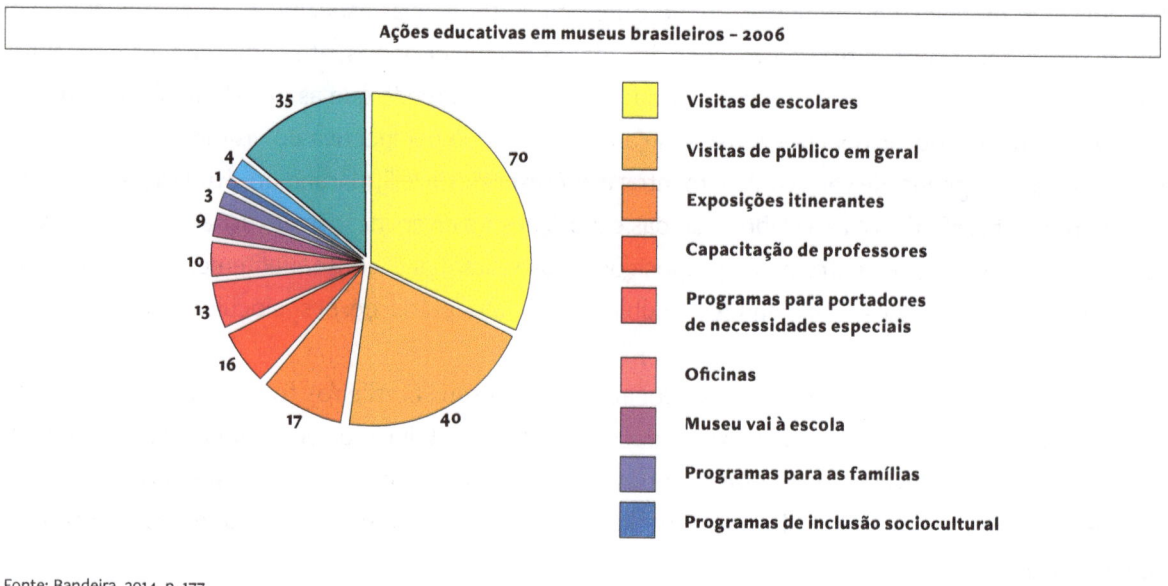

Ações educativas em museus brasileiros – 2006

- Visitas de escolares: 70
- Visitas de público em geral: 40
- Exposições itinerantes: 17
- Capacitação de professores: 16
- Programas para portadores de necessidades especiais: 13
- Oficinas: 10
- Museu vai à escola: 9
- Programas para as famílias: 3
- Programas de inclusão sociocultural: 1
- (outros): 4; 35

Fonte: Bandeira, 2014, p. 177.

Outras pesquisas com instituições museológicas da comunidade europeia, resumidas no documento *Guidelines*, consideraram um conceito expandido de mediação em museus, compreendendo as atividades relacionadas tanto à educação quanto à comunicação. A proposta era objetivar um novo papel social e inclusivo para os museus no contexto pós-moderno e sob o paradigma pós-colonialista. Algumas orientações recomendadas para os programas museológicos foram (Museum Mediators, 2016):

- ampliação do público;
- realização de ações de base com as partes interessadas específicas (comunidades locais, professores, parceiros institucionais etc.);
- engajamento na discussão sobre educação em museus e comunicação de diferentes partes da sociedade;
- enfrentamento, entre outras ações, das questões interculturais, de raça, de gênero, de etnia etc.

2.3 Roteiros práticos: conteúdo, criação e colaboração

Diversos fatores devem ser considerados para a seleção do tipo de material didático a ser utilizado na educação[16], formal ou não. A proposta político-pedagógica da instituição, as especificidades de cada curso, seus programas e disciplinas, as condições da oferta, a duração e a carga horária são elementos norteadores para o desenvolvimento do conteúdo, a indicação das metodologias, o desenvolvimento dos aspectos teóricos e a orientação do material de acordo com o público-alvo, conforme a disponibilidade de tecnologias e suportes.

Contudo, nem sempre todas as etapas para a elaboração dos produtos didáticos e um cronograma de trabalho podem ser consideradas, em razão dos prazos ou dos custos. Qualquer proposta de elaboração de material didático está sujeita aos recursos disponíveis, mas é importante avaliar as consequências das decisões tomadas: "As possibilidades de combinação e interação entre os vários tipos de material didático e mídias deverão ser analisadas durante a concepção do curso e antes da produção do material didático" (Bandeira, 2009, p. 26).

A oferta de diferentes combinações de material didático foi ampliada consideravelmente nos últimos anos. Muitas razões contribuíram para esse crescimento da disponibilidade de produtos educativos: o fortalecimento das políticas públicas, as transformações das tecnologias, a expansão e profissionalização do mercado editorial, as exigências dos programas de educação, entre outras.

As coleções didáticas comercializadas no mercado já incluem caderno de atividades, guia do aluno, livro do professor, mídias, DVDs ou portais para consulta e assistência *on-line*, mapas, dicionários, livros paradidáticos e pranchas com reproduções artísticas, entre outras opções: "A formulação de uma coleção didática para o ensino formal deverá incluir material impresso diversificado e, também, prever

---

16 A educação escolar formal compõe-se de: educação básica (educação infantil, ensino fundamental e ensino médio) e educação superior. A educação escolar adota currículos, planos e segue as orientações centralizadas da legislação educacional, em geral, oferecida em escolas, centros e universidades. Conforme Gadotti (2005, p. 3) "A educação não formal é mais difusa, menos hierárquica e menos burocrática. Os programas de educação não formal não precisam necessariamente seguir um sistema sequencial e hierárquico de 'progressão'. Podem ter duração variável, e podem, ou não, conceder certificados de aprendizagem".

como atender às expectativas do professor em sala de aula e as necessidades do aluno em suas atividades escolares e domiciliares" (Bandeira, 2009, p. 26).

Algumas etapas são fundamentais para o desenvolvimento do material didático. Recomenda-se realizar, inicialmente, um levantamento e uma avaliação dos tipos disponíveis no mercado. A maioria das orientações indicadas para avaliar material impresso adota dois fatores (Bandeira, 2009):

1. **Materialidade**: diz respeito às características físicas do material, determinadas por elementos como encadernação (acabamento), formato (dimensões) e tipo de papel (qualidade e especificações).
2. **Estrutura**: além das características que dizem respeito ao conteúdo (fundamentação teórica, metodologia, atualidade, estilo, correção, adequação à norma culta e à legislação, observância de direitos autorais etc.), a estrutura se refere à avaliação dos elementos visuais e gráficos, tais como: texto escrito, composição visual do material com uso de recursos gráficos (fonte, tamanho, parágrafos, ícones, ilustrações etc.) e maior eficiência com privilégio de uma abordagem dirigida ao conteúdo, combinando-se informação textual e visual.

Síntese

Neste capítulo, apresentamos o conceito referente à mediação no âmbito da educação, dos museus e das políticas públicas de cultura. Compreendemos que é importante conhecer os diferentes conceitos de mediação, tendo em vista a atuação do professor ou educador em seu campo profissional.

Vimos que o termo *mediação* ganhou diferentes contornos na contemporaneidade. O conceito é aplicado no âmbito jurídico, em espaços educativos de museus e, também, associado às práticas de informação e de leitura na área das ciências de informação e comunicação.

Destacamos, ainda, que a função da mediação por um agente social ou por dispositivos técnicos acontece tanto na mediação pedagógica quanto na mediação cultural.

Indicações culturais

MEDIAÇÃO, formação, educação: pensamentos e ações. 26 dez. 2012. Disponível em: <https://www.youtube.com/watch?v=KLs3TGFtty4>. Acesso em: 7 dez. 2016.

> Trata-se de uma mesa de debates em que os convidados discorrem sobre o tema *mediação, formação e educação*, apresentando diferentes percepções e experiências. A mesa integrou a programação realizada pelo Itaú Cultural sobre o tema, em 2012. Qual é o papel das instituições que atuam na área da cultura? José Márcio Barros, mediador da mesa, defende a ideia de mediação como um percurso, da esfera pública para o espaço individual, e menciona que, por isso, ela está presente em todas as instâncias da sociedade e não pode ser reduzida a um processo de facilitação. Também observa a importância de não naturalizar o conceito, além de apontar neste uma intencionalidade e de defender a necessidade de não reduzir a mediação à perspectiva da educação formal.

MUBE – Museu Brasileiro da Escultura. **Entrevista com o coordenador da ação educativa**. Disponível em: <http://mube.art.br/acao-educativa/>. Acesso em: 7 dez. 2016.

> O MuBE é uma instituição museológica dedicada à promoção da arte e da educação, com uma programação de atividades educativas e de visitas para crianças e adolescentes. No *link*, é possível assistir a uma entrevista com o coordenador da ação educativa do museu.

Atividades de autoavaliação

1. Selecione a alternativa que apresenta um conceito de mediação discutido pelos profissionais no âmbito da cultura:
    a) A ideia da mediação é uma maneira de obter consenso em questões de disputa no direito de família.
    b) A mediação estabelece um diálogo entre dois oponentes no direito de comércio internacional, quando há discordância em relação ao preço de um produto.

c) A mediação pode exigir a presença de um terceiro para avaliar uma disputa entre duas empresas que atuam na mesma área e disciplinar a concorrência entre as partes.

d) Trata-se da ideia de mediação como um percurso, como um trânsito da esfera pública para o espaço individual. Por isso, está presente em todas as instâncias da sociedade e não pode ser reduzida a um processo de facilitação.

2. Identifique a alternativa que explica a função da mediação pedagógica e da mediação cultural:

a) Na mediação pedagógica, o professor, no papel de mediador, ocupa a posição de um terceiro – comporta um componente relacional e está envolvido em relações de ensino-aprendizagem. Na mediação cultural, ocorrem processos de diferente natureza, cuja meta é promover a aproximação entre indivíduos ou coletividades e obras de cultura e arte.

b) A função da mediação por um agente cultural é regulada pela legislação específica da área, e esse agente deve ser capacitado para exercer essa ação mediadora. Não há diferença entre os tipos de mediação.

c) A função da mediação por um educador ou agente cultural depende da formação técnica e deve ser realizada somente em situação de desagravo entre as partes envolvidas na disputa. A diferença entre os tipos de mediação depende da ação do mediador.

d) A função da mediação não pode ser realizada por agente não capacitado e não há diferença entre os dois tipos de mediação.

3. Quais foram os significados atribuídos ao termo *mediação*, no início dos anos 2000, pelo pesquisador francês Jean Davallon (2007)?

a) Davallon identificou um significado para a palavra *mediação* e investigou um grande conjunto de textos provenientes das ciências da informação e comunicação.

b) Davallon identificou um único conjunto de textos que discutiam o significado da palavra *mediação* na área jurídica.

c) Davallon identificou três usos para o termo *mediação*: comum ou incidente; conceito operatório; utilização como definição.

d) Davallon optou por analisar a expressão em um conjunto de textos jurídicos publicados nas principais revistas da área de direito de família, na França.

4. Ainda com base nos estudos de Jean Davallon (2007), o que o pesquisador constatou em relação ao processo de mediação como uma característica marcante?
   a) Davallon constatou como marca distintiva a presença de um terceiro elemento, cuja ação apresentou quatro características: efeito sobre o destinatário da comunicação; modificação de estado do objeto, do ator ou da situação; ação humana ou operador objetivado sob a forma de dispositivo (ou ambos); impacto da ação do terceiro sobre o ambiente social.
   b) No conjunto de textos estudados pelo pesquisador francês, ele identificou a presença de uma disputa entre as partes nomeadas, cuja solução, uma vez que não se chegou a um consenso, não era possível obter.
   c) No conjunto de textos estudados pelo pesquisador francês, ele identificou algumas características da mediação: presença de dois oponentes; disputa de um objeto; posicionamento com argumentação; decisão baseada em fatos legais.
   d) Durante a investigação do conjunto de textos, o pesquisador observou algumas características de disputa entre as partes: levantamento de argumentações; comentários sobre a legislação; justificativas para a tomada de decisão.

5. Indique a alternativa que responde corretamente ao que entendemos por *mediação cultural*:
   a) A mediação cultural implica conhecer as partes envolvidas para interceder, apresentar argumentos contrários e a favor da causa, bem como para justificar o encaminhamento da questão.
   b) Segundo Caune (2014), a mediação cultural é mais do que uma mera organização de formas da cultura e da comunicação. Assim, a mediação pode ser uma estetização de apresentações, de atividades ou de representações, com materialidade de significantes e manifestações, além de possibilitar construir um sentimento de pertencimento em um contexto de referência.
   c) A mediação cultural é uma maneira de interceder por determinada causa, estabelecida de acordo com a política de cultura e defendida com argumentos e justificativas legais.
   d) A mediação cultural é a ação de um agente que defende uma causa de acordo com a legislação da cultura.

Atividades de aprendizagem

Questões para reflexão

1. Por que é importante refletir sobre as ações educativas realizadas em exposições do ponto de vista do público?

2. Quais são as propostas para ampliar os propósitos das ações educativas e de comunicação realizadas em museus? Selecione uma dessas propostas e reflita sobre como obter bons resultados.

Atividades aplicadas: prática

1. Com base na investigação de Davallon (2007), apresente um diagrama do processo de mediação que inclua mediador, objeto e público. Depois, comente, em um texto próprio, as relações entre as partes.

2. Considerando os elementos que caracterizam as ações educativas realizadas em museus, elabore um diagrama do processo que inclua espaço, tempo e objeto.

3

Material didático audiovisual: criação e colaboração

Os recursos audiovisuais contribuíram para a educação em virtude de sua possibilidade de uso didático, bem como por sua capacidade de favorecer a qualificação da comunicação entre professor e aluno e a incorporação das tecnologias nos processos de ensino. O uso dos materiais audiovisuais melhora a comunicação didática, permite renovar as metodologias de ensino, apoiar a aprendizagem e aproximar os participantes das tecnologias de informação e comunicação (TICs), além de disponibilizar vasto acervo em diferentes mídias e possibilidades de acesso.

A oferta e o compartilhamento de alguns recursos audiovisuais nas redes sociais ou em outros canais de comunicação *on-line* permitem a consulta e a revisão dos conteúdos, independentemente do tempo e do local das atividades, da presença e da disponibilidade do professor ou dos demais estudantes. Nesse contexto, o uso dos recursos audiovisuais possibilita tanto a comunicação síncrona[1] quanto a assíncrona[2], conforme seja sua configuração.

A introdução dos novos meios de comunicação responde por novos ambientes culturais e modifica as interações

---

1 A comunicação síncrona acontece quando há simultaneidade (tempo real) das trocas realizadas entre emissor e receptor. Por exemplo: conversação durante uma videoconferência.

2 A comunicação assíncrona acontece independentemente da simultaneidade; as trocas entre emissor e receptor podem ser realizadas em diferentes temporalidades. Por exemplo: o uso de *e-mails* não implica reposta imediata.

sociais e a estrutura social em geral. Além disso, conforme Santaella (2005b) defendeu, esses novos meios foram preponderantes para a ampliação do papel das tecnologias no campo artístico e contribuíram para a convergência entre comunicação e arte. Vele lembrar que a investigação dos processos de criação, em várias áreas da arte, do *design* e da moda, pode oferecer oportunidades para a reflexão sobre a produção do material de ensino de Arte e para o desenvolvimento de recursos audiovisuais.

3.1 Comunicação em contextos educativos

A história da arte, na passagem do século XX para o XXI, não pode prescindir dos meios tecnológicos para apresentar suas narrativas: da fotografia, do cinema e da videoarte até as novas mídias, como a internet e a *Web* 2.0.

Nesse período, as TICs contribuíram para as mudanças das práticas de entretenimento e de lazer e, potencialmente, de todas as esferas da sociedade — do trabalho cotidiano, das questões de gerenciamento político (sistema de votação), das estratégias militares e policiais (*cyberwar*; *surveillance by internet*)[3], do consumo (compras *on-line*), da comunicação e da educação (aprendizagem a distância, multimídias) — e, por isso, estão mudando toda a cultura em geral (Santaella, 2003a).

Esses impactos acabaram atingindo os domínios da arte. Contudo, apenas a incorporação dessas novidades tecnológicas pelas práticas artísticas não corresponde às mudanças no sistema de arte, de produção, distribuição e consumo, já que a comunicação via internet tem um papel importante nessas trocas: "Mas o mundo da arte, como outras atividades, foi sacudido pelas 'novas comunicações'; sofre seus efeitos, e parece leviano tratar esses efeitos como mutações superficiais" (Cauquelin, 2005, p. 56).

Por exemplo, as linguagens e as imagens artísticas passaram a depender cada vez mais das tecnologias para sua produção, reprodução, conservação e difusão. Nesse sentido, as coleções e os arquivos de audiovisuais mantidos nos acervos "sob sua forma original, material ou energética", segundo

---

3   Os termos em inglês significam, respectivamente, "guerra cibernética" e "vigilância via internet".

Couchot[4] (2003, p. 11), sofrerão as consequências dos avanços tecnológicos; qualquer mudança de formato, alteração dos padrões de *software* e de *hardware* ou outras inovações implicarão dificuldades na manutenção de acervos.

Nos anos de 1960, inúmeros esforços foram realizados por entidades de alcance mundial, como a Organização das Nações Unidas para a Educação, a Ciência e a Cultura (Unesco)[5], com o objetivo de preservar os recursos audiovisuais.

Contudo, foi a partir da década de 2000, com a implantação gradativa dos serviços de acesso aos documentos audiovisuais (CD-I[6] e CD-ROM[7]) e de multimídia *on-line* para consulta de acervos, que inúmeros museus e bibliotecas ampliaram a disponibilidade de mídias, então organizadas em bases digitalizadas.

A configuração da *Web* 2.0, consolidada nessa década, teve seu potencial multiplicado pelas plataformas e pela facilidade de publicar conteúdos e comentar *posts*, também com base em seus desdobramentos e, principalmente, com o desenvolvimento das redes sociais (tais como Myspace, LinkedIn e Facebook®), a expansão do trabalho colaborativo *on-line* e a confirmação da tendência à mobilidade tecnológica.

As estruturas das plataformas na *Web* 2.0 já estavam aptas para incluir vários elementos, por exemplo, sistema de troca de mensagens, rádio *on-line*, interação com usuários e tópicos para comentários ou outros aplicativos centrados em bancos de dados, muitos deles utilizados para copiar e distribuir

---

4   O francês Edmond Couchot é artista e pesquisador das novas mídias, professor da cadeira de Artes e Tecnologias da Imagem no Centro Nacional de Pesquisa Científica (Centre National de la Recherche Scientifique – CNRS) da Universidade de Paris, na França. Destaque para sua obra *Les pissenlits*, que teve uma de suas versões adquirida pelo Itaú Cultural, passando a integrar o acervo de arte e tecnologia da instituição.

5   A Unesco foi criada por um grupo de países em 1946, com o objetivo de contribuir para a paz e a segurança mundial, atuar nas áreas de educação, ciência, cultura e comunicação, atenta à proteção do patrimônio cultural.

6   CD-I, acrônimo para o termo em inglês *compact disc interactive*, um sistema gravado em CD que incorpora a programação, incluindo gráficos e áudio, além de informações textuais.

7   CD-ROM, acrônimo para o termo em inglês *compact disc-read only memory*.

arquivos de texto, áudio e vídeo. Com a *Web* 2.0, ocorreram grandes mudanças, que de fato atingiram a educação, conforme defende a pesquisadora Ana Amélia Carvalho (2008, p. 12):

> Nunca é demais reforçar de que ser letrado, no séc. XXI, não se cinge a saber ler e escrever, como ocorrera no passado. Esse conceito integra também a Web e os seus recursos e ferramentas que proporcionam não só o acesso à informação mas também a facilidade de publicação e de compartilhar *online*. Estar *online* é imprescindível para existir, para aprender, para dar e receber.

Nesse contexto, brevemente explanado aqui, esse conjunto de processos infotecnológicos, além de abrir espaço para alimentar o campo de arte digital[8], também interferiu nas relações estabelecidas pelos museus e demais instituições tradicionais da arte quanto às condições de comunicação e informação, por exemplo, dos acervos e do alcance público (Goriunova; Shulgin, 2006, p. 261).

Sendo uma parte natural do mundo digital, com as possibilidades abertas pela *Web* 2.0, muitas práticas artísticas e culturais em arquivos digitais passaram a compor bancos de dados, disponíveis para *upload* e *download*, integrados aos sistemas de gerenciamento dos *sites*. Esses esquemas foram ampliados de acordo com a finalidade e o tipo de material, para incluir arquivos de música, literatura, *softwares* de arte, jogos, imagens, vídeos e áudios, embora continuassem dependentes das decisões dos administradores dos bancos e das plataformas.

Apesar de o controle sobre as obras ter sido mantido pelos profissionais encarregados desses acervos *on-line*, sempre existiram algumas exceções[9], já que em algumas galerias virtuais é possível a inscrição por palavras-chave, conforme critérios aplicados às produções artísticas pelos próprios autores.

---

8   *Arte digital* é uma denominação da produção da arte contemporânea que utiliza recursos tecnológicos, como computadores e programas, além das redes eletrônicas: "Por definição, estas obras de arte devem ter sido elaboradas de forma digital e podem ser descritas como uma série eletrônica de zeros e uns" (Lieser, 2009, p. 11). As diferentes representações da arte digital variam entre impressões, desenhos, animações e jogos gráficos com auxílio do computador, *software art* e *net art*.

9   A plataforma Rhizome (www.rhizome.org), fundada em 1999, é um arquivo *on-line* de arte digital que aceita submissões com revisões do comitê curatorial.

Oportunamente, diante das inúmeras transformações das tecnologias, da economia, da sociedade e dos costumes, o filósofo e pensador Pierre Lévy (1999, p. 26) preconizou o valor do esforço de cada um para entender, em todo o seu escopo, o papel das técnicas e suas potencialidades: "Uma técnica não é nem boa nem má (isto depende dos contextos, dos usos e dos pontos de vista), tampouco neutra (já que é condicionante ou restritiva, já que de um lado abre e de outro fecha o espectro das possibilidades)".

3.2 Comunicação audiovisual: história, conceito e classificação

A preocupação com o tempo tem sido um mote explorado por artistas, literatos, coreógrafos, cineastas e fotógrafos; tão importante quanto dar passagem ao fluxo das lembranças é registrar essas percepções. A imagem, seja fixa, seja animada, acabou por se tornar uma fonte inesgotável de comunicação, e por isso podemos afirmar que "A história da arte com os meios de comunicação de massa do final do século XX está inextricavelmente ligada ao desenvolvimento da fotografia no decorrer do século" (Rush, 2006, p. 6).

A invenção do cinema resultou, no final do século XIX, de investigações e subsequentes inovações de dispositivos e aparatos; tal junção de equipamentos permitiu alcançar uma ilusão de movimento obtida mecanicamente: "O filme, a câmera e o projetor se aliaram à sala de exibição cinematográfica quando o cinema iniciava suas primeiras apresentações públicas no ano de 1895" (Gosciola, 2003, p. 50).

Mais tarde, na década de 1960, quando alguns artistas[10] começaram a experimentar equipamentos de vídeo e discutir o crescimento e a popularização da televisão como meio de comunicação, a maior parte dos espectadores já tinha experiência com as imagens em movimento pelo contato com a produção do cinema, que vinha sendo difundida havia mais de meio século.

---

10 "Na década de 1960, Nam June Paik iniciou a vídeo-arte e a vídeo-instalação" (Gosciola, 2003, p. 63).

Consequentemente, a produção de documentos audiovisuais se amplificou exponencialmente e, a partir dos anos de 1990, motivou a organização da atividade arquivística. Entre outras questões, foi preciso compilar uma definição comum para os elementos relacionados a essa área, que empregava uma diversidade de expressões, tais como *filmes, programas televisivos, videoarte, teasers, telenovelas, radionovelas* e *registros sonoros* (Edmondson et al., 1997).

Em diferentes oportunidades a questão foi debatida e, finalmente, uma definição para o material audiovisual foi apresentada e discutida por Edmondson e os demais autores (1997, p. 12), considerando-se uma extensa variedade de elementos: (a) imagens em movimento, com base em filmes ou eletrônicas; (b) apresentações de diapositivos; (c) imagens em movimento e/ou registros sonoros em vários formatos; (d) rádio e televisão; (e) fotografias e gráficos; (f) *videogames*; (g) CD-ROM multimídia; (h) qualquer tipo de projeção em *écran*; (i) ou todos esses exemplos, simultaneamente.

Com esse conjunto de materiais, os autores justificaram a opção pela maior abrangência de formatos e pelas imagens em movimento, conforme a configuração clássica do audiovisual já sugerida pela Recomendação Unesco (Unesco, 2002), cuja primeira versão é de 1980.

Ressaltamos que, ao longo da história da educação, os meios audiovisuais foram popularizados simplesmente como recursos, em virtude de sua função original de auxiliar o professor. Acrescentemos que, na década de 1920, alguns museus-escolas criados nos Estados Unidos foram precursores no uso de alguns equipamentos e materiais e também responsáveis pela disseminação destes, como no caso de lanternas com *slides*, dioramas, estereográficos, *slides*, filmes, gravuras e outros recursos, dirigidos à instrução, com grande influência sobre as práticas das instituições de ensino norte-americanas (Marshall, 2002, p. 1).

Além desses equipamentos de uso tradicional para a reprodução de imagens, nesse período, as invenções do filme sonoro e do rádio propiciaram a convergência entre áudio e vídeo instrucional, o que originou o **audiovisual instrucional** (Heinich et al., 1999, p. 24). Essa multiplicidade de recursos foi usada com fins educacionais, embora a maior parte já tenha sido esquecida ou relegada a museus, em razão das transformações tecnológicas.

A expansão dessa área, principalmente a partir dos anos de 1970, possibilitou ampliar o debate até a criação de terminologias capazes de organizar e padronizar os recursos tecnológicos utilizados na educação. Apesar de passíveis de críticas, esses modelos de organização foram amplamente aceitos no ensino brasileiro. Parra e Parra (1985), por sua vez, avaliaram e defenderam a Classificação Brasileira de Recursos Audiovisuais como uma das propostas mais adequadas ao nosso meio.

Essa classificação e tantas outras terminologias foram delimitadas pelos aspectos tecnológicos dos meios disponíveis e também pelo contexto socioeconômico e cultural do período. Tais modelos confirmaram um ponto de vista da educação acerca do uso de recursos educativos; além disso, ofereceram um **sistema de classificação** que foi amplamente difundido e continua em uso até os dias atuais, com poucas modificações.

Observe, na Figura 3.1, que a classificação acompanha os recursos existentes na época, tais como diapositivos[11] e diafilmes[12], cinema sonoro e televisão. Consequentemente, acabou sendo grande a influência e forte a permanência dessas padronizações, gestadas entre as décadas de 1970 e 1980, no campo da educação, bem como a reverberação desses modos de classificação na produção de materiais didáticos.

---

11   Filmes fotográficos positivos copiados em chapa transparente, geralmente usados em projetor de imagens.
12   Sequências de fotografias positivas montadas para projeção.

Figura 3.1 – Esquema didático baseado na Classificação Brasileira de Recursos Audiovisuais

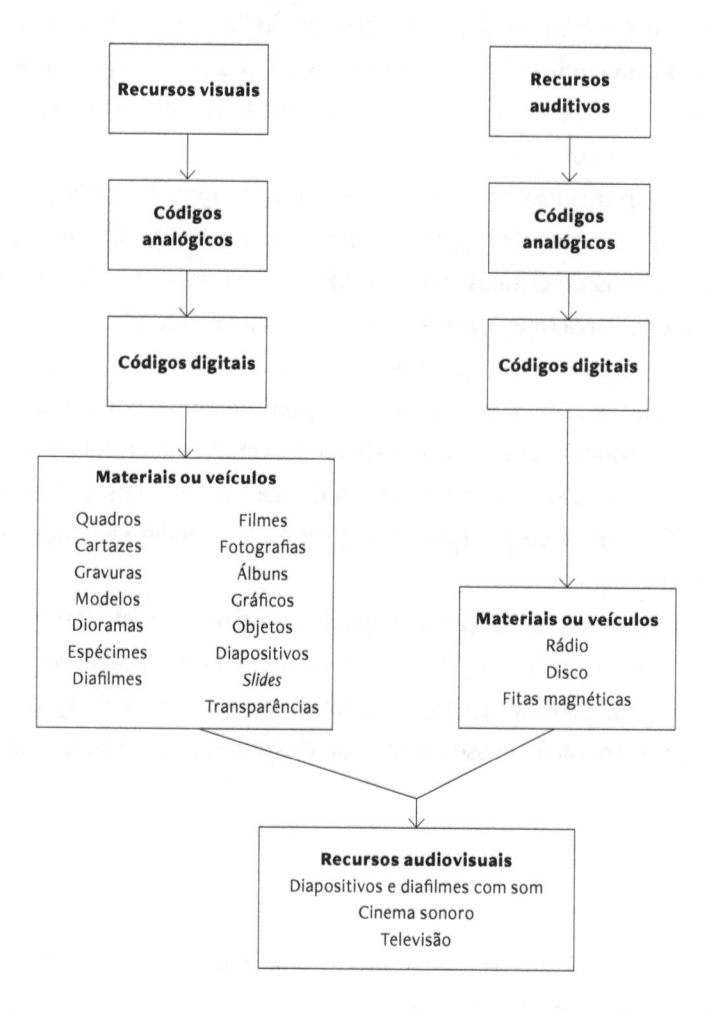

```
   ┌──────────────────┐                    ┌──────────────────┐
   │ Recursos visuais │                    │    Recursos      │
   │                  │                    │    auditivos     │
   └────────┬─────────┘                    └────────┬─────────┘
            ▼                                       ▼
   ┌──────────────────┐                    ┌──────────────────┐
   │     Códigos      │                    │     Códigos      │
   │    analógicos    │                    │    analógicos    │
   └────────┬─────────┘                    └────────┬─────────┘
            ▼                                       ▼
   ┌──────────────────┐                    ┌──────────────────┐
   │     Códigos      │                    │     Códigos      │
   │     digitais     │                    │     digitais     │
   └────────┬─────────┘                    └────────┬─────────┘
            ▼                                       ▼
┌───────────────────────────────┐          ┌──────────────────────┐
│    Materiais ou veículos      │          │ Materiais ou veículos│
│                               │          │        Rádio         │
│  Quadros        Filmes        │          │        Disco         │
│  Cartazes       Fotografias   │          │   Fitas magnéticas   │
│  Gravuras       Álbuns        │          └──────────┬───────────┘
│  Modelos        Gráficos      │                     │
│  Dioramas       Objetos       │                     │
│  Espécimes      Diapositivos  │                     │
│  Diafilmes      Slides        │                     │
│                 Transparências│                     │
└───────────────┬───────────────┘                     │
                └──────────────┬──────────────────────┘
                               ▼
                ┌─────────────────────────────────────┐
                │       Recursos audiovisuais         │
                │ Diapositivos e diafilmes com som    │
                │          Cinema sonoro              │
                │            Televisão                │
                └─────────────────────────────────────┘
```

Fonte: Parra; Parra, 1985, p. 15-16.

Nessa direção, inúmeros tipos de materiais educativos têm sido desenvolvidos, de acordo com os currículos escolares, em diversos países, tais como Inglaterra e Austrália. É possível consultar as classificações e alguns recursos digitais disponíveis em acervos *on-line*.

No Brasil, existem vários exemplos da continuidade desse esquema classificatório – em alguns casos, sem atualização ou mínima adequação à modernização das tecnologias. Em um material usado em um curso a distância do Programa Profuncionários do Ministério da Educação (MEC)[13], a educadora Freitas (2007, p. 22) comenta a classificação dos materiais didáticos em recursos visuais, auditivos ou audiovisuais, justificando-a em razão da predominância do estímulo sensorial em cada um desses recursos: "Muitos deles foram criados exclusivamente para fins pedagógicos, isto é, foram pensados para serem didáticos, para mediarem a construção do conhecimento que ocorre no ambiente escolar".

A delimitação do conceito atribuído ao termo *audiovisual* contribuiu para a manutenção das classificações tradicionais. Durante os anos de 1990, a revisão dessa terminologia motivou pesquisas, em virtude do crescimento exponencial da produção audiovisual, bem como da necessidade de preservar essa memória. A urgência de conservar esse patrimônio reverberou em várias associações profissionais[14] e, também, originou estudos e publicações incentivados pela Unesco a respeito do papel e da situação legal dos arquivos audiovisuais.

Fruto desse contexto investigativo, o documento apresentado por Edmondson et al. (1998, p. 5-6) adotou a posição da Unesco e propôs uma definição para os documentos audiovisuais em consenso com esses núcleos profissionais:

---

13 O material integra o Programa Profuncionários, do MEC, que oferece cursos de formação para funcionários da área da educação. O curso em questão é dirigido aos técnicos em Meio Ambiente e Manutenção da Infraestrutura Escolar.

14 Organizações não governamentais e associações, tais como a Federação Internacional dos Arquivos Sonoros e Audiovisuais (Iasa), a Federação Internacional dos Arquivos de Televisão (Fiat) e a Federação Internacional dos Arquivos de Filme (Fiaf).

Figura 3.2 – Linha de tempo representando a evolução dos equipamentos e tecnologias de gravação e exibição do audiovisual

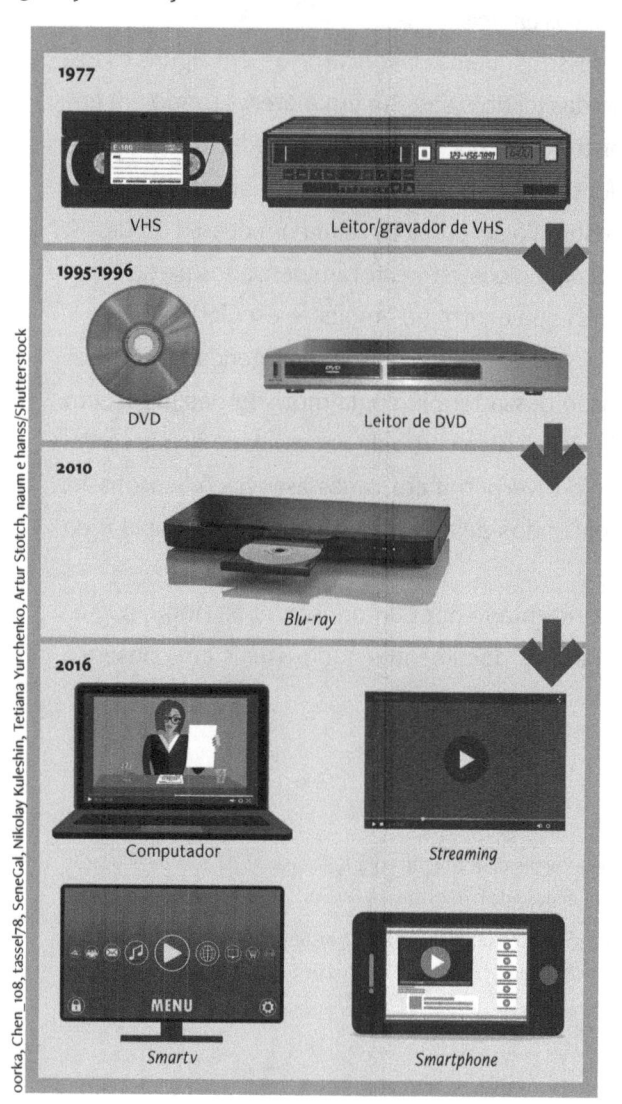

1977
VHS
Leitor/gravador de VHS

1995-1996
DVD
Leitor de DVD

2010
Blu-ray

2016
Computador
Streaming
Smartv
Smartphone

oorka, Chen_108, tassel78, SeneGal, Nikolay Kuleshin, Tetiana Yurchenko, Artur Stotch, naum e hanss/Shutterstock

Documentos audiovisuais são obras incluindo imagens e/ou sons reproduzíveis incorporados num suporte[15] cujo:

» registro, transmissão, percepção e compreensão normalmente requerem um dispositivo tecnológico;

» conteúdo visual e/ou sonoro tem duração linear;

» propósito é a comunicação daquele conteúdo, mais do que a utilização da tecnologia para outros propósitos.

Além de incluir a fotografia como um meio de comunicação audiovisual, Edmondson et al. (1998) ratificam e ampliam essa proposição: "Aceitando que uma definição perfeita é impossível, a mesma tem de ter como propósito, decisivamente, **incluir** gravações sonoras convencionais, imagens em movimento (sonoras ou mudas), vídeos e programas de radiodifusão, tanto publicados como inéditos, em qualquer formato" (1998, p. 6, grifo do original).

Na Figura 3.2, observe um esquema que ilustra a evolução dos equipamentos e tecnologias empregadas para transmissão, gravação e exibição do audiovisual, dos anos de 1990 até os dias atuais.

---

15 *Suporte* (tradução do termo em inglês *carrier*), segundo Edmondson et al. (1998, p. 5), significa "a unidade física discreta – e.g. disco, cassete ou bobina de banda magnética, bobina de película – onde a imagem ou som é *transportada*. Uma única obra pode encontrar-se num ou mais suportes; por vezes um único suporte pode conter mais do que uma obra".

O audiovisual pode ser exemplificado pelos produtos da televisão, do cinema sonoro, do vídeo e também pelas multimídias computacionais. O material audiovisual explora a especificidade da linguageme e trabalha com as possibilidades de direção e de combinação entre recursos de áudio (trilha sonora, paisagem sonora, música, diálogos, ruídos etc.) e recursos humanos e visuais (atores, dramatização, animação, imagens, simulações etc.).

No Brasil, as bienais de arte têm papel precursor na democratização do acesso e esse tipo de material pela oferta de programações educativas para a formação dos vários públicos e para a aproximação das pessoas envolvidas no universo da arte. Esses eventos investem na produção de material educativo diversificado, com coleções impressas, arquivos digitais em áudio e vídeo, a maioria disponível em plataformas *on-line*. A Bienal de São Paulo oferece programas educativos, coordenados pela Fundação Bienal, desde sua segunda edição, realizada em 1953. O projeto educativo da Bienal tornou-se permanente e, a partir de 2010, tem o privilégio de manter ativo o diálogo entre as mostras e o público.

Nesses exemplos pioneiros, a concepção do material educativo vem sendo diversificada, tanto em função do conteúdo, dos objetivos, das tendências pedagógicas e metodologias, das modalidades de educação, do tipo de público e da indicação de uso quanto da materialidade e da seleção das mídias, com diferentes propostas de edição e de *design* gráfico, entre outras características.

No conjunto do material desenvolvido pela Fundação Bienal encontram-se coleções, pranchas ilustrativas, mapas, cartazes, glossários, cadernos do professor, caixas e jogos educativos. O projeto educativo da 30ª Bienal de São Paulo, "A iminência das poéticas", surgiu em sintonia com os conceitos curatoriais da mostra. A ideia central era criar constelações com imagens da arte contemporânea e referências que indicam contribuições de filósofos, poetas, artistas, entre outros. Essa proposta refletiu as questões da arte a partir da concepção de memória e reprodutibilidade de Walter Benjamin (2000). Nesse projeto educativo foram incluídos arquivos de áudio, com várias opções sonoras: músicas, conversas, paisagens sonoras e textos gravados.

Os conceitos curatoriais da mostra poderiam ser discutidos com base nas seguintes perguntas: Por que a iminência? O que são poéticas? O curador Luiz Pérez-Oramas (2012, p. 4) comenta sua própria inquietação sobre o tema: "A iminência é nosso destino e nossas armas são as poéticas. Porque elas são a soma de recursos que nos permitem ser donos da expressão: ir além de nós, ser dois e ser, então, todos; ou ser somente nós mesmos, no silêncio, a sós, quando assim o desejamos".

O material educativo da 30ª Bienal de São Paulo contém fichas com informações sobre os artistas, permite a leitura de imagens (com base em metodologias específicas), incentiva um jogo entre os participantes com a criação de constelações, relacionando ideias e obras. No caderno do professor, foram sugeridas várias constelações, apresentadas com base na exploração das relações de visualidade entre as imagens, com os textos poéticos e as informações sobre os artistas.

Um CD com várias participações sonoras de artistas e colaboradores integra o conjunto educativo – composições musicais, registros e áudios gravados para as instalações, além de ambientes sonoros: "Por fim, o CD também apresenta leituras de imagens: diversas pessoas falam sobre as imagens que lhes são apresentadas e que não estão presentes neste material" (Gutfreund, 2012, p. 6).

A palavra *constelação* significa um conjunto de astros no firmamento, compreendido aqui metaforicamente. Trata-se de uma configuração de coisas, que pode ser ordenada por lógicas diversas. Assim, é possível reorganizar as ideias em relação às coisas, como as constelações em relação às estrelas, conforme defendeu Benjamin (1984) em suas teses sobre o barroco e a história. Esse foi o mote para pensar as obras de arte, as ideias e as coisas reunidas na mostra da 30ª Bienal de São Paulo.

Atualmente, com o advento das novas tecnologias, os produtos audiovisuais implicam uma combinação múltipla de imagens, textos, sons e movimento, além de possibilitarem a elaboração de estímulos, percepções e sensações pela mistura desses elementos, conforme defendem Moran, Masetto e Behrens (2001, p. 2):

> A força da linguagem audiovisual está no fato de ela conseguir dizer muito mais do que captamos, de ela chegar simultaneamente por muito mais caminhos do que conscientemente percebemos e de encontrar dentro de nós uma repercussão em imagens básicas, centrais, simbólicas, arquetípicas com as quais nos identificamos ou que se relacionam conosco de alguma forma.

Na produção do material, seja para cinema, seja para uma teleaula, é preciso primeiramente conhecer alguns elementos básicos da linguagem audiovisual[16] sobre o conteúdo ou tema da narrativa, tais como: sinopse ou *storyline* (uma síntese das cenas), argumento ou pré-roteiro (texto literário, história e elementos dramáticos), roteiro (descrição detalhada e técnica de cada cena).

Ressaltamos que o roteiro deve conter as informações sobre a linguagem técnica que definem os movimentos da câmera, a posição dos atores e as condições do cenário. Muitas vezes, o uso de *storyboards*[17] (esboços desenhados das cenas) é recomendável, pois possibilita explorar e criar uma integração entre as cenas. Na sequência, com a aprovação do conteúdo, faz-se necessário começar a produzir o audiovisual, programar a captação das imagens e do som. Por fim, as cenas podem ser finalizadas por meio de programas de edição, com inserção dos créditos, combinação do áudio e outros recursos de pós-produção.

Potencialmente, a linguagem audiovisual explorada pelo cinema ou pela televisão detém a capacidade de manipular as noções de espaço e tempo, conforme observado por diferentes idealizadores e críticos dessas produções. É possível alterar a temporalidade, por exemplo, com efeitos de câmera lenta ou acelerada, bem como usar efeitos especiais para criar diferentes noções de espaço de escala ou animações e simulações, além de outros recursos técnicos e imagéticos.

3.3 Roteiro prático para desenvolvimento de material audiovisual

Como selecionar um audiovisual para apresentar um conteúdo didático? Quais são as possibilidades de uso pedagógico do material audiovisual comercial, de entretenimento ou educativo disponível no mercado? Como criar um roteiro para desenvolver um material audiovisual?

---

16   Um grupo de educadores coordenou a produção de um mapa referencial para a criação de material didático, incluindo: impresso, ambiente virtual de ensino-aprendizagem (Avea), videoaula, teleaula, videoconferência (Dal Molin, 2008).

17   Termo em inglês para "esboço detalhado" ou "guião", com elementos descritivos para servir de subsídio às produções audiovisuais, como desenho animado e cinema.

Uma ideia surge da necessidade de comunicar determinado conhecimento para uma audiência específica, e a definição das finalidades e a natureza da mensagem são aspectos que podem contribuir para a escolha dos meios de comunicação a serem empregados.

A pesquisadora Cecília Salles investigou os processos de criação de artistas e de grupos para discutir a gênese da obra artística e considerou viável estender essas pesquisas a outros objetos: "É importante ressaltar que [...] o enfoque será o objeto artístico; no entanto, essas discussões têm se provado também adequadas para o debate sobre a construção de outros objetos de comunicação" (Salles, 2006, p. 14).

Essas abordagens da arte e de seus processos de produção, circulação e recepção acontecem sob o prisma da comunicação, conforme defendem vários teóricos atuais, como Salles (2006), Santaella (2005a) e, principalmente, Cauquelin (2005), na discussão do estabelecimento do sistema da arte contemporânea.

Compreender uma proposta simples de roteiro contribui para a elaboração de videoaulas ou pequenos vídeos ilustrativos, que podem servir de apoio para o desenvolvimento de um material educativo.

Refletir sobre a criação nas várias áreas artísticas, como cinema, artes visuais, publicidade ou moda, permite descobrir semelhanças e diferenças entre os processos de criação, bem como trocar ideias e combinar estratégias de inovação. Os caminhos e as experiências relatadas por escritores, cineastas e roteiristas, entre outros criadores[18], tradicionalmente integram estudos e escritos sobre a gênese da criação artística e contribuem para a discussão da obra de arte como conhecimento.

Salles (2006), com base em seu estudo sobre a criação artística, defende que esses processos proporcionam acesso predominante para o entendimento da obra artística na contemporaneidade, contribuindo para a compreensão da arte como conhecimento. Além disso, o debate sobre os processos de criação favorece que se explore um encaminhamento pedagógico para o ensino de Arte.

Quais são os percursos do artista para a criação na arte, no *design* e na moda? Discutir alguns aspectos desses modos de pensamento possibilita propor um questionamento sobre a produção dos materiais audiovisuais. O mapeamento da criação apresenta possibilidades investigativas entre obra, artista e público.

---

18 Entre diferentes escritos, destaca-se o livro *Diário de um perfumista*, de Jean-Claude Ellena, da Editora Record, lançado em 2013. Trata-se de um relato pessoal e poético sobre a criação de fragrâncias para o perfume.

Nesse contexto, as macrorrelações do artista com a cultura, nos estudos sobre a criação de diferentes objetos, são combinadas em processos de criação (tais como desenhos, anotações ou fotografias) e permitem compreender as conexões das redes do pensamento:

> Isso nos leva, por exemplo, a diferentes possibilidades de obra apresentadas nas séries de rascunhos, tratamento de roteiros, esboços etc.; propostas de obras se modificando ao longo do processo; partes de uma obra reaparecendo em outras do próprio artista; ou ainda fatos lembrados ou livros lidos, sendo levados para obras em construção. (Salles, 2006, p. 19)

Essa rede e os elementos que integram a criação artística foram observados com base na reflexão sobre a produção de diferentes artistas e obras, acompanhados por documentos, relatos, anotações, imagens e memórias. Os guardados nas gavetas, bem como anotações, diários, cadernos, fotografias, rascunhos e esboços realizados pelos artistas, são as pistas que indicam um percurso e seus acidentes, repleto de incertezas e vagueza (Salles, 2006).

Muitos elementos e conceitos ficaram de lado enquanto os artistas se ocupavam desses processos, e alguns deles foram destacados por Salles (2006): conceito de inacabamento, espaços de criação, semiótica, tempo, tendência, processo não linear, ato comunicativo, redes culturais, interconexões, percepção, materialidade, princípios direcionadores e outros.

Neste estudo, vamos investigar o ato comunicativo como uma contribuição para perceber a relação entre obra, artista e público. O aspecto social da produção artística pode ser avaliado pelo ato comunicativo quando o público é afetado pela obra.

O ato comunicativo do processo de criação envolve também as relações culturais, bem como os diálogos entre o artista e a história da arte, os críticos, outros artistas e o público. Salles reflete sobre a prática do escritor Rubens Rewald, que recorre a vários interlocutores durante o processo de produção de sua escrita:

> Os diálogos (presentes em todos os processos) são usados, de modo sistematizado, como motor de seu processo, na medida em que são escolhidos alguns interlocutores de áreas diferentes, que liam o que ele estava produzindo e respondiam em suas linguagens, construindo uma rede de colaboradores. (Salles, 2006, p. 156)

As trocas, as mensagens, os escritos ou as conversas entre artistas, críticos e outras pessoas contribuem para aproximar a produção artística do público, do contexto local e, também, da história da arte ou de outra área pertinente para a criação do trabalho.

No caso dos objetos de *design*, existem fatores determinantes para a produção e, também, limites para a criação, tais como: prazos, custos, pesquisa de material, análise do mercado, satisfação do cliente e outros parâmetros.

Nos processos de criação na área de *design*, Haslam (2007, p. 23) destaca a combinação entre decisões conscientes e racionais, além de outros elementos subjetivos e da expressão de cada um dos envolvidos na criação "Os *designers* experientes desenvolvem livros por meio de várias abordagens. Essas são comuns ao *designer* gráfico e podem ser classificadas em quatro grandes categorias: documentação, análise, conceito e expressão".

A indicação das etapas é um caminho a ser percorrido para alcançar os objetivos: desenvolver um livro didático ou criar um roteiro para um material audiovisual. Qualquer uma dessas práticas pode ser experimentada; depois, é importante avaliar os erros e os acertos da proposta.

Entre as possibilidades existentes para desenvolver um roteiro, a primeira é apresentar uma lista de ideias que servirá como chave da comunicação para a proposta do material audiovisual. Esse encaminhamento permitirá que se organizem as primeiras etapas: ideias, esboços, sugestões.

Na sequência, é possível combinar contribuições, experimentar diferentes conjuntos de argumentos, discutir referências teóricas e apresentar outros tipos de solução. Nesse caso, é importante decidir qual é o tipo de material audiovisual que se deseja produzir. Uma possibilidade é utilizar uma sequência de imagens para ilustrar uma pequena história ou até mesmo para elaborar a narrativa de um dia de trabalho.

Combinar uma discussão com outras pessoas pode ser uma boa alternativa para o desenvolvimento de um roteiro. Tal prática contribui para reunir ideias, de forma criativa (ver Figura 3.3), por meio de um *brainstorming*[19], para que, oportunamente, surjam as primeiras propostas. Essa é uma dinâmica que pode combinar palavras e imagens em mapas mentais. A associação de ideias é potencializada pelo uso de dicionários, imagens e livros sobre o tema.

Figura 3.3 – Sugestão do fluxo das etapas de um *brainstorming*

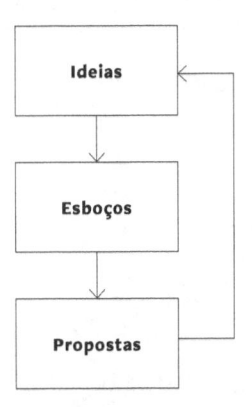

Ideias → Esboços → Propostas → (retorna a Ideias)

Fonte: Elaborado com base em Bandeira, 2009.

Na produção de coleções de moda, por exemplo, o processo de criação é muito importante. A moda tem um ciclo de produção muito rápido, que segue as estações do ano. Assim, novas coleções são lançadas a cada período; as roupas e os acessórios precisam ser desenvolvidos, produzidos e distribuídos no mercado. Os *designers* de moda trabalham com vários recursos, ferramentas e investigações sistemáticas para desenvolver suas ideias, até criarem as coleções.

[19] Termo em inglês que significa "tempestade cerebral", um tipo de dinâmica, criação de mapas mentais ou atividade desenvolvida para potencializar a criatividade de cada um na realização de trabalhos coletivos.

A **pesquisa** é fundamental para a coleta de ideias e precede a criação. Trata-se de um processo experimental, uma escolha de percurso, de temática e também precisa de tempo para ser organizada e processada: "A pesquisa caracteriza-se pela investigação e aprendizagem de algo novo ou do passado, podendo ser comparada, muitas vezes, ao começo de uma jornada exploratória. A pesquisa envolve leitura, visitação ou observação, mas, sobretudo, envolve registro de informações" (Seivewright, 2009, p. 14).

Os processos de criação dependem das ideias e das informações adicionadas aos primeiros estudos ou esboços. Várias práticas de investigação podem ser usadas, tais como: a seleção de imagens e textos em jornais e revistas sobre o tema da pesquisa; textos literatos, poesias ou relatos pessoais sobre experiências; filmes, videoclipes e músicas populares; cores, tecidos, estampas, relevos e texturas; pequenos animais, pedras, conchas e partes de plantas ou raízes (conforme ilustram as Figuras 3.4 e 3.5); imagens de arquitetura, paisagens exóticas e até detalhes do corpo humano.

Figura 3.4– Caderno de artista: anotações, flores e galhos[20]

Fotografia: Laura Steff Miranda

---

[20] Este trabalho colaborativo contou com a participação dos artistas Cynthia Lorenzo, Denise Bandeira, Eliane Moreira, Juliane Fuganti, Laura Miranda, Lauro Borges, Mai Fujimoto, Rebeca Ficinski e Thalita Sejanes.

Figura 3.5 – Caderno de artista: anotações gráficas e colagens

Fotografia: Laura Steff Miranda

As relações entre as informações visuais, sonoras e textuais são criadas pelas experiências de cada um, em virtude do que o inspira, do que tem impacto ou estimula o pensamento a fluir. Os temas ou motivos, bem como os recursos visuais que devem ser incluídos ou não, dependem do trajeto e das perguntas a que a pesquisa procura responder.

A elaboração de um mapa mental[21] ou a realização de um *brainstorming* são sugestões iniciais de investigação. Além destas, se houver necessidade, é possível preparar um *briefing*[22]. Esse documento serve para acompanhar todas as etapas: pesquisa, criação, desenvolvimento e produção do material.

Observe o esquema didático apresentado na Figura 3.6, referente às etapas de elaboração de um *briefing*. As perguntas servem como sinalizadores para capturar as informações sobre o cliente e auxiliar na descrição do projeto a ser desenvolvido.

Figura 3.6 – Perguntas que integram um *briefing*

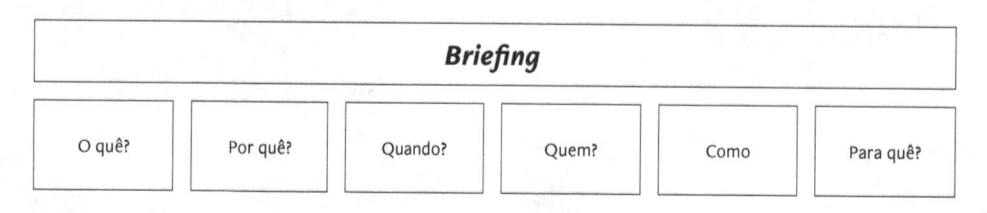

Briefing					
O quê?	Por quê?	Quando?	Quem?	Como	Para quê?

Fonte: Elaborado com base em Bandeira, 2009.

Nesta etapa, se a pesquisa for concluída, será preciso decidir como ela será compilada e apresentada na continuação dos estudos. A seleção dos termos, das imagens e dos demais documentos poderá ser agrupada em um **caderno de esboços**, com desenhos e colagens ou outros tipos de anotações gráficas sobre o percurso. A análise dos resultados poderá conduzir aos elementos-chave que deverão compor o projeto.

---

21 A proposta de mapas mentais está relacionada às anotações de um fluxo livre de pensamentos sobre determinado assunto, reunindo diagramas, imagens, palavras-chave, textos, grafismos e outras representações.

22 Termo que vem do inglês *to brief*, que significa "resumir". Refere-se a um documento com informações e objetivos relacionados à solicitação do cliente.

> Quando se trata de escolher um tema para sua coleção, você precisa, em primeiro lugar, considerar algo que responda ao *briefing* (se houver um) e, em segundo lugar, que estimule sua criatividade. Como palavras e imagens já foram trabalhadas no processo de *brainstorming*, será mais fácil fazer uma comparação crítica de ideias sobre um possível tema ou conceito. (Seivewright, 2009, p. 14)

Por fim, a criação de material audiovisual, em qualquer formato, implica o uso de elementos e princípios de **composição visual**, como uma apresentação com uso de transparências ou *slides* criados por meio de um programa de computador para projeção com *datashow* ou a utilização de *posters*, *banners* ou painéis para uma comunicação científica em eventos. O material audiovisual, além do uso de textos, deve incluir imagens, gráficos, tabelas ou ilustrações, bem como áudios (acompanhados por explanações orais ou outro tipo de sonorização).

Síntese

Neste capítulo, apresentamos alguns recursos audiovisuais e suas funções no ensino. Destacamos que a oferta e o compartilhamento de recursos audiovisuais nas redes sociais e em canais de comunicação *on-line* permitem a consulta e a revisão de conteúdos, independentemente do tempo e do local das atividades, da presença e da disponibilidade dos educadores. Nesse contexto, ressaltamos a importância do uso dos recursos em sala de aula, considerando a proeminência das redes sociais e as trocas comunicativas pelos agentes, estudantes ou professores.

Além disso, vimos que a elaboração de recursos audiovisuais pode seguir etapas aplicadas à criação artística: mapa mental, *brainstorming* e outros tipos de associação de ideias. Esses elementos podem auxiliar a compor narrativas simplificadas, considerando-se a capacidade de registrar e a disponibilidade de equipamentos de gravação audiovisual, de câmeras de vídeo presentes em celulares, de monitores de computador e até de câmeras de fotografia e vídeo. A captação de vídeos curtos resulta em registros que podem ser montados com o uso de programas de edição e de ferramentas que reproduzem a maioria dos recursos da linguagem cinematográfica.

Indicações culturais

CINECLUBE SOCIOAMBIENTAL CRISANTEMPO. **O cineclube**. Disponível em: <http://www.cineclubesocioambiental.org.br/ocineclube/apresentacao.php>. Acesso em: 7 dez. 2016.

Alguns cineclubes oferecem oportunidades para debater filmes, encontros com cineastas e exibição gratuita de lançamentos dos circuitos alternativos. Esses grupos são fundamentais para conhecer a produção que não circula nas salas comerciais. Algumas entidades mantêm núcleos ativos de discussão e experiência na linguagem audiovisual. O Cineclube Socioambiental Crisantempo dedica-se à difusão da consciência ambiental desde 2008 e oferece uma programação temática, além de organizar ciclos de debates.

DÍAZ, J. **The Sony Timeline**. Disponível em: <http://cache.gawker.com/assets/images/gizmodo/2009/05/Sony-Timeline-HD2.jpg#_ga=1.139907184.2114115039.1430621005>. Acesso em: 7 dez. 2016.

A produção histórica da empresa Sony foi apresentada em uma linha do tempo com as invenções, a transformação dos equipamentos e das tecnologias na área do audiovisual. O infográfico mostra detalhadamente vários aspectos dos produtos e características da evolução das tecnologias aplicadas pela empresa.

DVDTECA. **Arte na escola**. Disponível em: <http://artenaescola.org.br/dvdteca/>. Acesso em: 18 abr. 2016.

Na base de dados criada pelo Instituto Arte na Escola estão disponíveis várias informações sobre artistas brasileiros, classificadas de acordo com uma matriz de conceitos proposta pela educadora Mirian Martins e por uma equipe de desenvolvedores. Esse acervo disponibiliza mais de 160 documentários sobre arte brasileira, acompanhados de material educativo que oferece proposições pedagógicas ao professor.

ESCOLA NO CINEMA. Disponível em: <http://escolanocinema.com.br/>. Acesso em: 7 dez. 2016.

O portal Escola no Cinema oferece uma oportunidade de acesso facilitado às sessões em salas comerciais de cinema para professores. As informações sobre os filmes são disponibilizadas juntamente com as agendas de exibição da programação. Também são oferecidas orientações sobre o uso do cinema em sala de aula, discussões sobre temas específicose sugestões de cursos.

GIACOMO, F. D.; APOLINARIO, D. **CPBR6**: Infografia na era digital. 31 jan. 2013. 68 min. Disponível em: <https://www.youtube.com/watch?v=_kDfjOx8nQs&feature=youtu.be&list=PLD3M4hpwRfOdzNzOlM1hs-PDyLoVZVDOP>. Acesso em: 7 dez. 2016.

A palestra "Infografia na era digital", com Fred Di Giacomo e Daniel Apolinario, aconteceu na Campus Party de 2013. Os convidados trabalham no Núcleo Jovem da Editora Abril e comentam a evolução da infografia na era digital.

LES PISSENLITS. Direção: Michel Bret e Edmond Couchot. França, 2006. 68 seg. Disponível em: <http://www.archives-video.univ-paris8.fr/video.php?recordID=232>. Acesso em: 7 dez. 2016.

Les Pissenlits (*Os dentes de leão*), primeira ideia da obra interativa dos artistas Michel Bret e Edmond Couchot, surgiu no começo dos anos de 1980, e suas versões foram atualizadas conforme o desenvolvimento tecnológico dos equipamentos e da programação. Os autores trabalharam em colaboração no laboratório ATI LAB (Art et Technologies de l'Image, da Université Paris VIII), dos anos de 1980 até 2000. Essa obra foi realizada com base em ideias precursoras sobre a interação artística, com o desenvolvimento de uma situação de interação entre o humano e a máquina. A coleção do Itaú Cultural, de arte e tecnologia, adquiriu uma versão dessa obra e a mantém em acervo.

REDES DA CRIAÇÃO. Disponível em: <http://www.redesdecriacao.org.br/>. Acesso em: 7 dez. 2016.

A página Redes da Criação foi criada pelo Itaú Cultural em 2008, a partir da realização de encontros orientados pela pesquisadora Cecília Salles, que propôs uma discussão do processo de criação em suas diversas manifestações: arte, literatura, mídias e ciência. O *site* conta com informações sobre o vocabulário do processo de criação, com exemplificação e discussões fundamentadas pela pesquisa de Salles.

TELA BRASIL. **Oficinas virtuais**: oficina de roteiro. Disponível em: <http://www.telabr.com.br/oficinas-virtuais/sala/roteiro>. Acesso em: 7 dez. 2016.

No endereço eletrônico do portal Tela Brasil são apresentadas várias oficinas *on-line*, além de orientações e informações sobre a produção de cinema conforme a trajetória profissional dos cineastas Laís Bodanzky e Luiz Bolognesi. O portal foi lançado em 2008 e continua atualizado, com ofertas de cursos presenciais e com apoio das ferramentas *on-line*. Além disso, disponibiliza vídeos técnicos sobre gravação, edição, montagem e cineclube e também oferece material de apoio sobre o uso do cinema em atividades pedagógicas para a educação básica.

Atividades de autoavaliação

1. Nos Estados Unidos, os meios audiovisuais foram popularizados como recursos na educação ainda nas primeiras décadas do século XX, tendo como função original auxiliar o professor. Quais foram os primeiros equipamentos popularizados com esse propósito?
    a) Os museus eram utilizados como salas de aula e dispunham de equipamentos audiovisuais, como projetor de *slides* e projetor de fitas de Super-8. No entanto, esses equipamentos serviam apenas para garantir o manuseio dos documentos audiovisuais que constituíam os acervos.
    b) Na década de 1920, alguns museus-escolas criados nos Estados Unidos foram precursores no uso de alguns equipamentos e materiais e responsáveis pela disseminação destes, como no caso de lanternas

com *slides*, dioramas, estereográficos, *slides*, filmes, gravuras e outros recursos dirigidos à instrução, com grande influência sobre as práticas das instituições de ensino norte-americanas.

c) Nas primeiras décadas do século XX, muitos museus foram criados para garantir a preservação de documentos audiovisuais. Os equipamentos usados eram projetores e óculos 3D.

d) Os meios audiovisuais eram arquivados em coleções em museus-escolas, nos Estados Unidos, e os equipamentos necessários para audição e visualização eram toca-discos e óculos 3D.

2. Observe novamente a Figura 3.1, que representa uma classificação dos recursos audiovisuais, e selecione o comentário mais significativo sobre a subdivisão destes em visuais, auditivos e audiovisuais:

   a) A subdivisão de recursos também contempla os códigos analógicos e digitais. Os materiais visuais incluem: quadros, cartazes, filmes, diapositivos, *slides*, transparências etc. Os materiais auditivos incluem: rádio, disco e fitas magnéticas. Entre os recursos audiovisuais estão: diapositivos com som, cinema e televisão.

   b) A subdivisão de recursos contempla apenas uma lista de materiais audiovisuais, analógicos e digitais: *slides* sonoros, cinema, televisão e internet.

   c) A lista de recursos audiovisuais inclui materiais com códigos analógicos e digitais: qualquer material projetado com som, cinema, televisão e recursos de internet.

   d) A lista de meios audiovisuais e visuais contempla todos os recursos sonoros e visuais, com códigos analógicos e digitais.

3. Que procedimentos e etapas de produção para documentos audiovisuais são definidos como obras que incluem imagens e/ou sons reproduzíveis incorporados num suporte?

   a) Masterização e gravação, com reprodução em CDs.

   b) Gravação em estúdio, com sala à prova de som e equipamentos de mixagem.

   c) Registro em suporte magnético e gravação em CDs.

   d) Registro, transmissão, percepção e compreensão, que normalmente requerem um dispositivo tecnológico.

4. Indique a alternativa que exemplifica corretamente um recurso audiovisual:
   a) O audiovisual pode ser exemplificado nos produtos da televisão, do cinema sonoro, do vídeo e também nas multimídias computacionais. O material audiovisual explora a especificidade da linguagem e trabalha com as possibilidades de direção e de combinação entre recursos de áudio e recursos humanos e visuais.
   b) O audiovisual pode ser exemplificado pelas fitas cassete e não pode ser mais reproduzido. O material audiovisual é um recurso educativo que foi divulgado nas primeiras décadas do século XX, principalmente nos Estados Unidos.
   c) O audiovisual pode ser exemplificado por arquivos de MP3, divulgados em redes sociais e canais de comunicação.
   d) O audiovisual pode ser exemplificado por *podcasts* distribuídos em redes sociais, arquivados ou divulgados *on-line*.

5. Qual é o significado de *briefing*? E qual é a função dessa etapa no desenvolvimento de uma proposta técnica?
   a) O termo em inglês refere-se a um documento com informações e objetivos sobre a solicitação do cliente. Esse documento serve para acompanhar todas as etapas: pesquisa, criação, desenvolvimento e produção do material.
   b) O termo em inglês refere-se a um modelo reduzido do material impresso. Esse elemento serve para mostrar ao cliente as capas, as dimensões, o número de páginas e o formato do material impresso. Trata-se de um modelo que pode ser preparado em tamanho reduzido, com as mesmas características da proposta.
   c) O significado da palavra é uma síntese do projeto. No *briefing*, podem ser incluídas todas as etapas necessárias para a elaboração do projeto. Recomenda-se que tais etapas sejam numeradas e tratem das fases principais: apresentação, desenvolvimento e produção.
   d) O significado do termo é "resumir". O documento tem um caráter provisório e serve para apresentar ao cliente as necessidades de custos, planilhas e orçamentos, que devem especificar os serviços necessários para a produção e impressão do material.

Atividades de aprendizagem

Questões para reflexão

1. Pesquise na internet uma apresentação de *slides*, de fotografias ou uma sequência didática audiovisual que contenha exemplos de documentos audiovisuais, conforme a proposta de Edmondson et al. (1998) de categorização desses recursos, aprovada pela Unesco. Em seguida, elabore uma síntese das informações, considerando definição, aplicabilidade, finalidade etc.

2. Em duplas, analisem a sinopse e a ficha técnica de um filme de sua preferência. Decidam como aplicar o audiovisual em uma atividade prática na educação de jovens e adultos (EJA), considerando os seguintes aspectos: área de conhecimento, tema, objetivos e proposição de atividades. Elaborem uma ficha de orientação com as seguintes informações: dados técnicos do material audiovisual; breve descrição; temática; áreas de interesse curriculares; público-alvo; orientações ao professor.

Atividades aplicadas: prática

1. Selecione algumas escolas ao redor do local onde você mora ou trabalha. Fotografe os prédios, os detalhes das fachadas, as áreas externas, o movimento dos alunos e outras situações forem de seu interesse documentar. Prepare uma sequência visual com as imagens e não se esqueça de adotar uma linha temporal. Em seguida, compartilhe o resultado com seus colegas.

2. Combine com seus colegas a preparação de um roteiro para uma sequência de cinco minutos de um filme de sua preferência. Anote as informações técnicas e descreva em detalhes as cenas, os atores, o cenário, as falas dos atores, o som ambiente, a trilha sonora e outras informações. Elabore alguns esboços da sequência e anote os detalhes. Se possível, procure o filme ou o trecho correspondente, selecione os *screens* da sequência e compare-os com seus esboços.

3. Prepare um caderno (livro de artista) com as informações pesquisadas na atividade. Inclua os textos, as imagens, os desenhos e os esquemas gráficos. Se possível, adicione também as cenas originais do filme. Anote as palavras-chave, explore o conteúdo visualmente e realce os pontos mais importantes, com sugestões de encaminhamento para o roteiro.

4. Em duplas, discutam um tema de interesse relacionado ao ensino de Arte para a realização de um roteiro (material educativo audiovisual). Depois da seleção do tema, realizem uma pesquisa sobre o conteúdo e trabalhem o material utilizando como sugestão as etapas de um *brainstorming* (ideias, esboços, propostas). Estudem um modo de apresentação visual, preparem os esboços com informações gráficas e imagens (retiradas, por exemplo, de revistas ou outros materiais impressos, bem como de arquivos digitais).
Em seguida, elaborem um texto com as principais informações encontradas – se necessário, pesquisem e acrescentem outros dados. Anotem as propostas para comentar com o grupo.

4

*Mídias digitais:
diversidade e contextos
educativos*

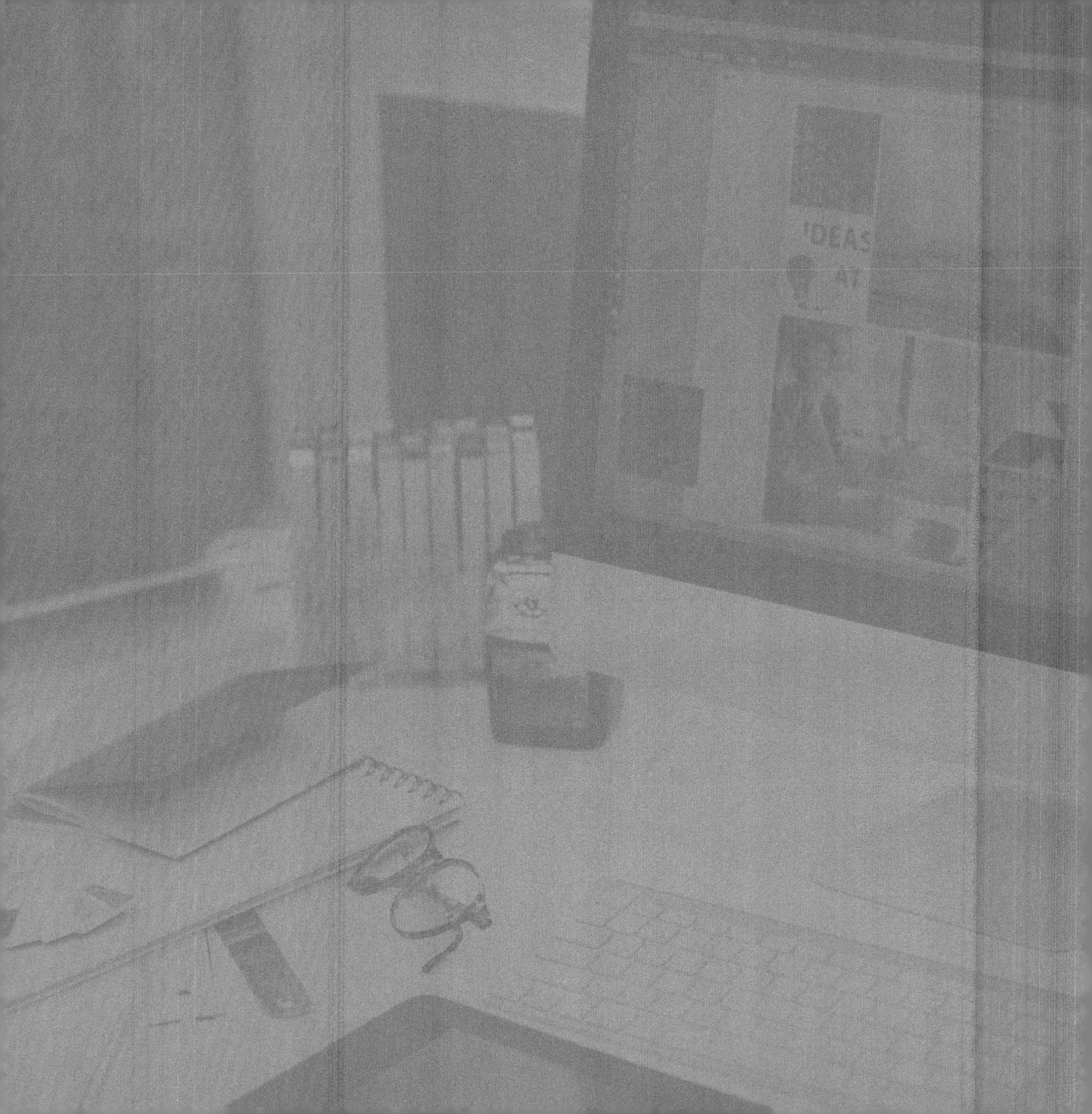
IDEAS
AT

A expansão e a lógica das tecnologias da informação e comunicação (TICs) nas últimas décadas respondem por transformações em todas as áreas do trabalho na sociedade. Tais processos de transformação acarretaram, por exemplo, a informatização e a automação de alguns setores dos serviços bancários e do comércio, interferindo em atividades simples da vida cotidiana, como pagar e receber contas. Nesse contexto, ampliou-se a necessidade de digitalizar dados para que a maioria deles estivesse disponível *on-line* para transações entre as pessoas e as redes dos setores correspondentes.

Neste capítulo, vamos abordar dois temas ligados à produção do material didático para o mercado educacional: mídias digitais e novas mídias. A criação de mídias digitais tornou-se uma exigência do mercado, da profissionalização e do crescimento da área da educação, seja a distância, seja presencial, tanto a corporativa quanto a proveniente de outros tipos de demandas.

4.1 Histórico, conceito e classificação

Desde o final da década de 1970, o aumento da interconexão em redes entre computadores, telefones celulares e outros aparelhos infoeletrônicos vem possibilitando acessar informações (voz, dados, movimentos e outras fontes), produzir e distribuir textos, imagens e audiovisuais com maior rapidez e mobilidade. Nesse panorama, o uso do computador afetou o processo comunicativo e todos os tipos de mídia, já que o equipamento passou a concentrar as possibilidades de recepção, produção e distribuição de texto, imagem, áudio e vídeo.

Esses prognósticos, apontados com base no papel do computador e das redes na sociedade da informação, entre as décadas de 1970 e 1990, impulsionaram inúmeros estudos de pesquisadores e artistas no âmbito internacional, tais como Lévy (1999), Manovich (2000) e Couchot (2003), e no Brasil, exemplarmente, na área da comunicação, com as investigações de Santaella (2005a) e Gosciola (2003).

Nesse contexto, houve uma complexificação do campo comunicacional, com a convergência entre computadores conectados em rede com outros dispositivos de mídia digital, tais como os aparelhos de TV digital, que ampliaram a oferta da programação. Assim, a digitalização das informações se tornou premente para o atendimento das demandas de todas as áreas.

O filósofo e professor Pierre Lévy ponderou que digitalizar uma informação consiste em traduzi-la em números, expressá-la em linguagem binária, sob forma de dígitos zero e um: "A mídia é o suporte ou veículo da mensagem. O impresso, o rádio, a televisão, o cinema ou a internet, por exemplo, são mídias" (Lévy, 1999, p. 61).

No caso específico da educação a distância, já que professores e estudantes desenvolvem atividades educativas em lugares e tempos diversos, o Ministério da Educação (MEC) determina[1] que a mediação didático-pedagógica nos processos de ensino e aprendizagem utilize meios e tecnologias de informação e comunicação. Nos programas ou cursos a distância, também é preciso combinar vários tipos de

---

[1] Conforme o Decreto n. 5.622, de 19 de dezembro de 2005 (Brasil, 2005), que revogou o Decreto n. 2.494, de 10 de fevereiro de 1998 e regulamenta o art. 80 da Lei n. 9.394, de 20 de dezembro de 1996 (Lei de Diretrizes e Bases da Educação Nacional – LDBEN) (Brasil, 1996).

mídias para a oferta do material didático, tais como: material de apoio impresso e *on-line*, audiovisuais e multimídia.

Quanto ao contexto específico dessa modalidade de educação, o Anuário de 2008, publicado pela Associação Brasileira de Educação a Distância (Abed), apresenta um diagnóstico do setor, com o mapeamento da localização das instituições e a oferta de programas e cursos por área de conhecimento. Além disso, o documento comenta o papel das mídias e sua utilização de acordo com a maior frequência nos cursos de educação a distância (EaD) nas 140 instituições pesquisadas.

Embora o material impresso continue sendo a mídia mais comum, observam-se um crescimento do *e-learning* (ver Quadro 4.1) e a ocorrência de outras combinações de material, de frequência do uso e de preferência conforme o caráter das instituições e a tipologia dos cursos: "As instituições privadas utilizam mais o *e-learning* e o material impresso do que as públicas, e estas utilizam mais o CD, o vídeo, o DVD e a videoconferência" (Sanchez, 2008, p. 64).

Quadro 4.1 – Apresentação dos tipos de mídia e frequência de uso entre as instituições de EaD

Mídias	Frequência	Total (%)
Impressa	108	77,10
E-learning	88	62,90
Televisão	33	23,60
Vídeo	63	45,00
Satélite	16	11,40
CD-ROM	69	49,30
DVD	52	37,10
Rádio	11	7,90
Teleconferência	18	12,90
Videoconferência	34	24,30
Telefone celular	18	12,90
Outras	15	10,70
Não respondeu	20	14,30

Fonte: Elaborado com base em Sanchez, 2008, p. 64.

Uma das consequências da conversão das mídias para o formato digital é a ampliação das possibilidades do uso de programas de computador para a editoração eletrônica (ver Figura 4.1), tais como editores de textos e de *layouts*, de tratamento de imagem, de edição de vídeos e arquivos de áudio.

Figura 4.1 – Digitalização da informação e editoração eletrônica do material didático

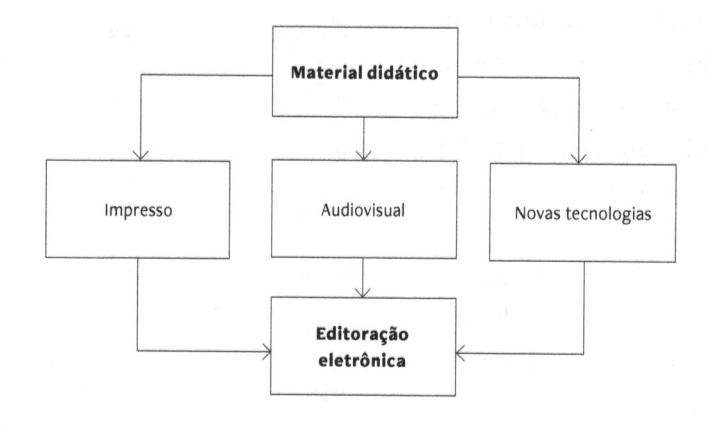

Fonte: Bandeira, 2009.

4.2 Tendências e debates: mídias digitais

A produção do material didático com o uso de mídias digitais considera o público-alvo e as transformações dos processos comunicativos, já que existem várias possibilidades e combinações para disponibilizar os conteúdos com base em novas tecnologias.

O pesquisador e professor Vicente Gosciola (2003, p. 27) observa que, na maioria dos usos, o termo *mídia*[2] identifica o recurso pelo qual se transmite uma informação: "um canal ou meio de comunicação através do qual se desenvolve uma comunicação".

O uso das mídias digitais subentende comunicação, portanto, troca de informações e interações. Nos dias atuais, com o uso dos computadores e de outros equipamentos infoeletrônicos conectados com acesso à internet, vários recursos e ferramentas estão disponíveis para navegar *on-line*; são dispositivos comunicacionais, tais como *e-mail*, *chat* e fórum. Na *web*[3], a parte multimídia da internet, por exemplo, é possível pesquisar entre *sites* e portais por meio de *links* ou de conexões hipertextuais.

Como é possível constatar neste breve estudo, as mídias digitais estão sendo abordadas como um recurso ou meio de comunicação baseado nas **novas tecnologias**, por exemplo, um CD-ROM ou um DVD para acesso via computadores e, também, endereços eletrônicos disponíveis na internet.

As novas mídias representam uma inovação na aquisição, organização e difusão do conhecimento. Esse aspecto pode ser exemplificado pela hipermídia, que se realiza com base no uso ou no caminho escolhido pelo usuário na *web* e pressupõe interatividade, recursos, navegação não linear e autoria.

No entanto, observa-se que aplicativos em CD-ROM e DVD dependem de equipamento (computador, *tablet*, telefone celular, totem ou quiosques multimídias) e continuam restritos a determinado interesse ou público, ao passo que a *web* apresenta crescimento regular e maior a cada ano.

As concepções que fundamentam a criação em mídias digitais fogem da centralidade, da hierarquia e da linearidade. Para propor uma multiplicidade de nós e de *links*, são criadas redes: ideias com profundas implicações para o campo da arte contemporânea e, também, para outras áreas de conhecimento,

---

2 *Mídia* é uma apropriação da pronúncia em inglês do latim *media* (*medium*, singular), que significa "meios". Em 1992, em busca do bom senso terminológico, Santaella (2003a, p. 64) optou por adotar o vocábulo *mídia* em detrimento da palavra *media*, justificando essa apropriação e consequente contextualização necessária: "buscarei evidenciar que quaisquer meios de comunicação ou mídias são inseparáveis das formas de socialização e cultura que são capazes de criar, de modo que o advento de cada novo meio de comunicação traz consigo um ciclo cultural que lhe é próprio".

3 A *web* ou *world wide web* (termo em inglês para "rede de computadores de alcance mundial") consiste em um sistema de documentos em hipermídia interligados e executados na internet.

como a literatura, a educação e a política. Santaella (2003a, p. 94) resume essas interações, tornadas possíveis com a conexão entre computadores e redes de informação e comunicação:

> Qualquer coisa armazenada em forma digital pode ser acessada em qualquer tempo e em qualquer ordem. A não linearidade é uma propriedade do mundo digital. Nele não há começo, meio ou fim. Quando concebidas em forma digital, as ideias tomam formas não lineares. A chave-mestra para essas sintaxes da descontinuidade se chama *hiperlink*, a conexão entre dois pontos no espaço digital, um conector especial que aponta para outras informações disponíveis, e que é o capacitador essencial do hipertexto e da hipermídia.

O desenvolvimento de uma proposta de material educativo que faça uso das mídias digitais depende do meio de comunicação, da escolha das mídias, das especificidades da modalidade de educação, do conteúdo e do público-alvo, isto é, depende de um conjunto de linguagens (discursiva, imagética, sonora, visual, audiovisual) e, consequentemente, de questões que envolvem interatividade, programação, roteiro e equipe.

Os primeiros computadores apresentavam poucos recursos comunicativos: tinham teclados integrados, dispunham de processadores simples para textos e cálculos e somente podiam gerar gráficos coloridos: "Por muito tempo reservados aos militares para cálculos científicos, seu uso civil disseminou-se durante os anos 60" (Lévy, 1999, p. 31).

Na década de 1960, o termo *hipertexto* foi cunhado pelo filósofo americano Theodor Nelson com base em investigações sobre um projeto precursor a respeito da lógica do pensamento, bem como em suas suposições sobre o futuro das redes de computadores e na identificação de uma capacidade não linear de escrita de textos. Essa ideia foi fundamental para a criação da *web*, que começou com textos e hiperligações, reunindo páginas com associações entre imagens, sons e, depois, vídeos.

Embora a consulta aos endereços eletrônicos e a participação em redes sociais na *web* venham se tornando rotineiras, vale notar que favorecem o contato direto com o hipertexto. Moran, Masetto e Behrens (2001, p. 44) defendem que "Com a Internet podemos modificar mais facilmente a forma de ensinar e aprender tanto nos cursos presenciais como nos cursos a distância". O hipertexto pode ser considerado uma forma mais simples da hipermídia, já que consiste de um documento eletrônico, e a informação apresentada (por exemplo, na tela do computador) permite uma leitura não linear com encadeamentos semânticos.

A década de 1980 foi responsável pela popularização da **multimídia**, principalmente em consequência da evolução das TICs, dos programas e dos equipamentos.

A multimídia consiste de um conjunto de meios utilizados de forma linear para a comunicação de um conteúdo, produto baseado em computador ou algum outro dispositivo, que permite a integração de gráficos, animações, vídeos, áudios etc. Trata-se de um meio de comunicação digital, um tipo de aplicativo ou documento interativo, por exemplo, um *site* na internet, que possibilita acesso a várias mídias, tais como áudio, vídeo, imagem e texto.

O desenvolvimento de uma multimídia que precisa ser gravada e replicada em um suporte (por exemplo, CD, CD-ROM ou DVD)[4] depende da determinação do conteúdo, da criação de um roteiro e do tipo de público. Durante a primeira etapa, é importante a realização de um protótipo, que deverá ser testado com o público-alvo ou a clientela. As possibilidades de interação entre usuário e computador ocorrem à medida que o conteúdo é explorado localmente ou mediante acesso via rede.

Existem algumas diferenças de significado do termo *multimídia* conforme seu uso: se é aplicado à área da informática e não permite a alteração da sequência dos dados, então se resume a uma técnica usada para mera apresentação de informações, conteúdos gravados em um computador ou em uma mídia (como DVD ou CD), os quais podem ser acessados de maneira linear ou não linear. Em outra situação, quando se pretende a simultaneidade de diversos meios de comunicação, combinando-se texto, som, imagens

---

4   Tipos de mídias utilizadas para gravação e reprodução de arquivos de texto, imagem, áudio ou audiovisual. Acrônimos dos termos em inglês *compact disc* (CD), *compact disc-read only memory* (CD-ROM) e *digital video disc* (DVD).

e animações, o termo é usado para denominar uma produção que ocorre nos meios de comunicação e corresponde à combinação das linguagens teatral, visual, da dança, da música, da *performance* etc.

Foram esses processos e experiências, segundo Gosciola (2003, p. 37), que contribuíram, em parte, para o desenvolvimento da linguagem multimídia, a qual foi aperfeiçoada até a criação da hipermídia: "Esses encontros, fricções e contaminações são, pelo menos em parte, responsáveis pelo que a hipermídia é hoje".

Entre as décadas de 1980 e 1990, o avanço das tecnologias e das estruturas interativas, resultantes das interconexões entre computadores, servidores, programas e redes, ampliou as possibilidades comunicativas e contribuiu para a configuração de um ambiente virtual denominado *ciberespaço*. Então, gradativamente, a maioria dos aparelhos de comunicação, tais como telefone, televisão e computadores, passou a ser dotada de interface com o mundo digital e a permitir conexões com diferentes sistemas de telecomunicações: telefonia, TV a cabo, TV digital, comunicação de dados etc.

A palavra *ciberespaço* surgiu primeiramente em um livro de ficção científica intitulado *Neuromancer*, do escritor William Gibson, publicado em 1984. O termo cunhado pelo romancista significava um universo de redes digitais, um terreno para conflitos mundiais, com inúmeros caminhos, representando uma nova fronteira econômica e cultural (Santaella, 2003a, p. 98).

Na educação, o uso educativo da *web* não se limita à realização de pesquisas, à construção de *blogs* ou à troca de *e-mails*. Para Lévy (1999, p. 145), "A *World Wide Web* [...] é um mundo virtual que favorece a inteligência coletiva". Graças a ela, outras possibilidades têm sido exploradas como ferramentas de trabalho em ambientes virtuais de aprendizagem. Por exemplo: a criação de páginas pessoais para professores ou grupos na internet, que atuam como espaço virtual de encontro e de divulgação de ideias, permite ocupar um espaço além do presencial.

Nesse contexto, ao avaliar o uso de tecnologias entre professores, Carvalho (2008) ressalta que, com a consolidação da *Web* 2.0, a rede se transformou em uma plataforma de compartilhamento dotada de recursos e ferramentas, facilitou a publicação de conteúdos e comentários e permitiu mais interações entre as pessoas conectadas pelas redes sociais: "O Hi5, o MySpace, o LinkedIn, o Facebook, o Ning, entre outros, facilitam e, de certo modo, estimulam o processo de interação social e de aprendizagem" (Carvalho, 2008, p. 8)[5].

Ao considerar essas tecnologias, a pesquisadora e artista Lúcia Leão destacou possibilidades e opções de percurso da trama textual que permitiram a navegação e a consulta de dados nas páginas *on-line*: "O hipertexto é um documento digital composto por diferentes blocos de informações interconectadas. Essas informações são amarradas por meio de elos associativos, os *links*. Os *links* permitem que o usuário avance sua leitura na ordem que desejar" (Leão, 2001, p. 15).

Contudo, foi o incremento das qualidades e das linguagens de programação que contribuiu para o surgimento da **hipermídia**, com mais recursos de navegabilidade, interação e acesso a um número maior de documentos e de arquivos audiovisuais. Essas ferramentas foram acrescentadas às primeiras potencialidades do hipertexto:

> Sua ampliação natural e consecutiva – a hipermídia – tem o mesmo recurso básico: o acesso e a navegação não linear entre os conteúdos – textos, fotos, gráficos, animações e vídeos. Assim, a hipermídia passou a ser um novo foco de atenção daqueles que buscam a melhoria dos processos comunicacionais e educacionais. (Gosciola, 2003, p. 32)

---

[5] Os exemplos da citação são de redes sociais que já ocuparam posições de destaque na *web*, sofrem concorrência em virtude das inovações e precisam continuamente atualizar seus recursos. O Hi5 é uma rede social criada em 2003 e que angariou muitos usuários nos Estados Unidos, com a disponibilidade de criação das próprias páginas, inclusão de imagens e troca de informações entre grupos com os mesmos interesses. O MySpace é uma rede social criada nos Estados Unidos em 2003, com páginas personalizadas pelos usuários e que disponibiliza vários recursos para comunicação, além de permitir troca de informações sobre músicas e vídeos. Fortaleceu-se como um excelente canal de divulgação para músicos, bandas etc. O LinkedIn foi criado em 2002, nos Estados Unidos e tem forte papel como rede de negócios e contatos profissionais. Reúne dados de perfil de usuários e permite trocar informações, mensagens sobre interesses comerciais e profissionais. O Facebook® é uma rede social lançada em 2004, nos Estados Unidos, que se tornou popular em todo o mundo. A rede dispõe de várias ferramentas, permite a conexão entre os usuários, a visualização de informações e outras funcionalidades e atrativos. O Ning é uma plataforma que permite a criação de conexões entre usuários ou grupos, criada em 2005; possibilita a troca de informações e o compartilhamento de interesses específicos, com adesão de profissionais da educação.

Como podemos observar, tamanha complexidade de recursos vai exigir um compromisso maior com o roteiro da hipermídia, por exemplo, com o conhecimento dos processos de **navegabilidade** e **interatividade**.

No Quadro 4.2, apresentamos outras definições a respeito dos principais termos discutidos até este ponto. Com base nessas informações, será possível refletir acerca das principais semelhanças e diferenças encontradas.

Quadro 4.2 – Definições de alguns termos relativos a mídias digitais

Termo	Definição	Autor
Hipertexto	"Tecnicamente, um hipertexto é um conjunto de nós ligados por conexões. Os nós podem ser palavras, páginas, imagens, gráficos ou partes de gráficos, sequências sonoras, documentos complexos que podem ser eles mesmos hipertextos. Os itens de informação não são ligados linearmente, como em uma corda com nós, mas cada um deles, ou a maioria, estende suas conexões em estrela, de modo reticular. Navegar em um hipertexto significa, portanto, desenhar um percurso em uma rede que pode ser tão complicada quanto possível. Porque cada nó pode, por sua vez, conter uma rede inteira."	Lévy, 1993, p. 33
Hipermídia	"O primeiro fator de definição da hipermídia como rede está na hibridização de linguagens, processos sígnicos, códigos, mídias que ela aciona e, consequentemente, na mistura dos sentidos receptores, na sensorialidade global, sinestesia reverberante que ela é capaz de produzir, na medida mesma em que o receptor ou leitor imersivo interage com ela, cooperando na sua realização."	Santaella, 2003a, p. 95
Multimídia	"O termo nasce da junção de duas palavras: 'multi', que significa vários, diversos, e 'mídia', que vem do latim *media* e significa meios, formas, maneiras."	AcessaSP, 2006d, p. 5
Link	"Ligação, elo, vínculo. Nas páginas da web é um endereço que aparece sublinhado, ou em uma cor diferente da cor do restante do texto. Um link nada mais é que uma referência cruzada, um apontador de um lugar para outro na web. Assim, ele permite um vínculo com uma imagem, um arquivo da mesma página ou de outras da web, a partir de um clique do mouse."	AcessaSP, 2006a, p. 16

Em se tratando de uma obra de hipermídia, o que poderá contribuir com a concepção do roteiro? Existem muitos programas de autoração[6] para hipermídia; alguns podem ser usados com facilidade, permitem incluir uma variedade de documentos e optar por diversos recursos para combinar, acessar ou explorar o conteúdo:

> Os programas que possibilitam a um designer ou a um programador montar ou editar diferentes mídias no espaço e no tempo e agregar comportamentos interativos a eles são, usualmente, chamados de sistemas de autoração (*authoring systems*). Enquanto a autoria em hipermídia está para o processo de geração de conteúdos – com textos, sons e imagens e as suas respectivas narrativas –, a autoração em hipermídia está para o processo de edição desses conteúdos. (Gosciola, 2003, p. 141)

A hipermídia pode ser explorada com as possibilidades criadas na *web* e suas variadas experiências em rede: pesquisa sobre um assunto na internet, criação e administração de um *blog* ou postagem e compartilhamento de fotografias em álbuns são exemplos de ações que utilizam ferramentas e tecnologias de informação e comunicação. Dois elementos são fundamentais, os *links* e os conteúdos: imagens, vídeos, textos, palavras etc. Os *links* são responsáveis pela inter-relação entre os conteúdos. Portanto, *link*

> É um termo de uso corrente entre os que trabalham com hipermídia, além de ser conhecido há muito tempo e utilizado nos meios de comunicação de massa, mais especificamente em serviços de telecomunicações em geral, para nomear o sistema de ligação, aéreo ou terrestre, entre pontos de transmissão de rádio ou TV. (Gosciola, 2003, p. 81)

---

6   O conceito de *autoração* advém do termo inglês *authoring* e tem vários significados, como: criação de um documento em hipertexto ou hipermídia; criação de tutoriais; produções de audiovisuais com auxílio de programas de edição; uso de programas para produção de multimídias em CD-ROM e DVD, por exemplo, programas simplificados para apresentação de *slideshow* (Gosciola, 2003, p. 139-140). Exemplos de programas de autoração, que facilitam a criação de gráficos e animações e a edição de textos: Toolbook e Visual Basic.

Mapear os percursos na *web* ficou mais fácil com a ajuda de alguns recursos que permitem identificar, como as etiquetas[7] (*tags*), e classificar *sites*, portais, vídeos ou fotografias, de acordo com as preferências pessoais. Quando uma etiqueta é associada a um documento, marca uma preferência pessoal ou coletiva, diferentemente do que ocorre nos sistemas hierárquicos de classificação, que seguem uma ordem prefixada, como no caso de listas por ordem alfabética.

A *web* cresce e se modifica à medida que os usuários navegam, atualizam os *links* e criam outras possibilidades de informação e comunicação, bem como compartilham as potencialidades com as máquinas e os sistemas: "As metáforas da relação com o saber são hoje, portanto, a navegação e o surfe, que implicam uma capacidade de enfrentar as ondas, redemoinhos, as correntes e os ventos contrários em uma extensão plana, sem fronteiras e em constante mudança" (Lévy, 1999, p. 161).

O uso de ferramentas disponibilizadas *on-line*, tais como *blogs*, Flickr e Delicious, para a professora portuguesa Sónia Cruz (2008), pode motivar a aprendizagem dos estudantes em sala de aula. Algumas vantagens das ferramentas e da comunicação por meio de *blogs* possibilitaram imediatas aplicações educativas, tais como acesso *on-line* e gratuito, diferentes ofertas de serviços, facilidade de criação e desenvolvimento de páginas, inclusão de *posts* abertos a comentários, arquivamento do conteúdo e indexação por *tags*, divulgação de temas, ampliação do público e da oferta de formatos (*fotolog*, *videolog* ou *vlog*, *mblog* para tecnologias móveis).

Em algumas redes sociais, as imagens são classificadas por meio de *tags* ou palavras-chave, as quais permitem a localização do conteúdo por outros usuários. Uma plataforma criada em 2004 que despertou muito interesse por sua possibilidade de compartilhamento de imagens e se destacou entre as redes sociais foi o Flickr: "Considerado um dos componentes da Web 2.0, o Flickr é então um site da Web que hospeda e partilha imagens, desenhos, ilustrações e fotografias" (Cruz, 2008, p. 31).

Outro elemento imprescindível para a compreensão da hipermídia é o conceito de interatividade, que, para Gosciola, é o ponto de partida para responder a questões sobre o roteiro: "Interatividade é, para nós, a partir dos estudos no campo das ciências da comunicação e no campo das novas tecnologias,

---

[7] O termo em inglês *tag* significa "etiqueta", "rótulo". Trata-se de uma maneira de classificar ou ordenar preferências que não segue regras definidas, mas deve identificar um conteúdo para facilitar a busca *on-line*.

um recurso de troca ou de comunicação de conhecimento, de ideia, de expressão artística, de sentimento" (Gosciola, 2003, p. 87).

Ampliando esse conceito, Lévy (1999) defende um estudo pormenorizado da interatividade, de acordo com a mídia e com os dispositivos de comunicação, subdividindo-a em eixos: apropriação e personalização das mensagens; reciprocidade da comunicação; virtualidade; implicação da imagem dos participantes nas mensagens; e telepresença.

A Figura 4.2 apresenta um diagrama dos elementos da hipermídia.

Figura 4.2 – Esquema dos elementos da hipermídia

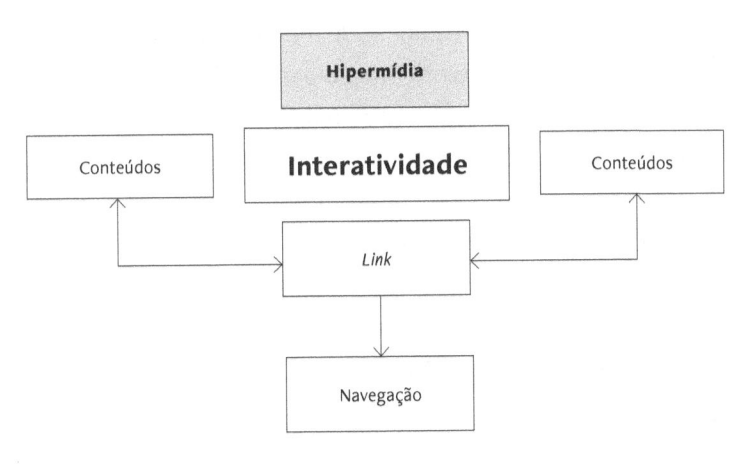

```
                    ┌──────────────┐
                    │  Hipermídia  │
                    └──────────────┘

  ┌───────────┐    ┌────────────────┐    ┌───────────┐
  │ Conteúdos │    │ Interatividade │    │ Conteúdos │
  └───────────┘    └────────────────┘    └───────────┘
        ↑                 ↓                    ↑
        └──────────┐  ┌───────┐  ┌─────────────┘
                   │  │ Link  │  │
                   └──┤       ├──┘
                      └───┬───┘
                          ↓
                    ┌───────────┐
                    │ Navegação │
                    └───────────┘
```

Fonte: Elaborado com base em Bandeira, 2009.

4.3 Roteiro prático para desenvolvimento de hipermídia

Um roteiro para hipermídia precisa considerar os processos dinâmicos da informação digital, as potencialidades do desenvolvimento em rede e as experiências e contribuições das diferentes linguagens e expressões artísticas. No entanto, o objetivo deste estudo não é discutir aplicativos, *softwares* ou programas, mas apresentar orientações sobre o desenvolvimento de ideias, a criação de roteiros ou a elaboração de um tema. Lembre-se de que a maioria desses projetos demanda experiências profissionais de diversas áreas.

De todo modo, ressaltamos que ferramentas de comunicação digital[8] são disponibilizados e são atualizadas continuamente na *web*. Entre as ações de criação e seleção de conteúdos, textos e imagens, por exemplo, alguns recursos possibilitam criar e manter memórias sobre fatos recentes, históricos ou pessoais. Tais ferramentas organizam as informações por tempo ou sequência cronológica, mas tais informações podem ser visualizadas em diferentes formatos, como linha de tempo, livro ou mapa.

O uso de diários digitais ou a construção de linhas de tempo mantêm fortes laços com os processos narrativos, e ambos podem ser usados como orientação para a criação de trabalhos artísticos. Embora as linhas de tempo mantenham uma coerência cronológica, as apresentações podem extrapolar propostas lineares e possibilitar a navegação pelas escolhas dos usuários.

A mistura das funções entre leitura e escrita, bem como a combinação entre leitor e autor, possibilita ao usuário participar da estruturação do texto, criando novos sentidos não determinados pelo criador do hiperdocumento e, também, comprovar a necessidade de experimentar roteiros processuais para as novas mídias.

Conforme vimos neste capítulo, as experiências com as linguagens artísticas tradicionais, como cinema, artes visuais, desenho e animação, têm contribuído para uma reflexão acerca do desenvolvimento da hipermídia. Além disso, as novas mídias, como os jogos digitais e as propostas de arte digital (internet *art*, *web art*), contribuíram para alterar os sentidos da fruição estética na relação entre ser humano e máquina.

---

8   Algumas ferramentas de comunicação disponíveis *on-line*: YouTube (*site* de compartilhamento de vídeos), Google Maps (*site* de consulta e localização) e Picasa (*site* de compartilhamento de imagens).

Síntese

Neste capítulo, tratamos de dois assuntos importantes no âmbito da produção de material didático pelo mercado educacional: mídias digitais e novas mídias. No entanto, vimos que a transformação de uma mídia para outra permanece reprimida. Embora haja pressão e demanda por inovações, a maioria dos setores comporta-se de maneira tradicional.

Destacamos também que a criação de mídias digitais tornou-se uma exigência do mercado educacional, da profissionalização e do crescimento da área da educação, seja a distância, seja presencial, tanto a corporativa quanto a proveniente de outros tipos de demandas.

Nesse contexto, a expansão e a lógica das tecnologias respondem por transformações em todas as áreas do trabalho na sociedade e, consequentemente, implicam alterações nos modos de produção, distribuição e recepção do material didático.

Indicações culturais

AMERIKA, M. **Filmtext 2.0**. San Antonio, 2002. Disponível em: <http://www.markamerika.com/filmtext/>. Acesso em: 7 dez. 2016.

> A obra *Filmtext* 2.0 (2002), do artista Mark Amerika, foi produzida para ser exibida na *web* e pode ser acessada via computador ou outros equipamentos com *display* de telas conectados à internet. A produção contém uma combinação entre escrita multiforme e multiuso. Estruturada como um jogo, a obra contém cinco níveis de navegação e um eixo de movimentação centrado em camadas luminosas que exploram as superfícies videográficas.

BRASIL. Ministério da Educação. **Mídias na educação**: Módulo Informática/Ferramentas de Hipertexto – Etapa 1 – Fundamentos. Mídia informática. Disponível em: <http://www.eproinfo.mec.gov.br/webfolio/Mod82688/etapa1/index.htm?ID=1>. Acesso em: 7 dez. 2016.

> O MEC oferece um curso a distância sobre mídias na educação, com estrutura modular. A proposta é oferecer formação continuada para o uso pedagógico das TICs, com ênfase em TV e vídeo, informática, rádio e meio impresso. O curso oferece os níveis básico, intermediário e avançado. É possível consultar o material explicativo sobre cada um dos temas desenvolvidos nos módulos.

PALESTRA Dr. James Paul Gee. IV Seminário de Pesquisa em Mídia-Educação, Universidade Federal de Santa Catarina, Florianópolis, 2012. Disponível em: <https://vimeo.com/49126808>. Acesso em: 7 dez. 2016.

> O uso das tecnologias na educação, no contexto das culturas digitais, pressupõe pensar nas práticas culturais de variados públicos e faixas etárias diante das novas possibilidades de construção de conhecimentos em diferentes linguagens. É preciso refletir sobre as mediações e as possibilidades de letramento para as múltiplas linguagens, que estão implicadas nas relações com as tecnologias e a cultura da mídia. É dessas assuntos que trata o pesquisador americano James Paul Gee, em palestra realizada no IV Seminário de Pesquisa em Mídia-Educação, que aconteceu em 2012 na Universidade Federal de Santa Catarina.

GETSCHKO, D. **Aula sobre hipertextos**. 2009. Disponível em: <https://youtu.be/U6dqDzXimzk>. Acesso em: 7 dez. 2016.

> Demi Getschko integra o Comitê Gestor da Internet no Brasil e, em 2009, foi convidado a participar do programa Roda Viva, da TV Cultura. Nesse vídeo, o especialista comenta a definição de hipertexto e a origem desse termo.

LÉVY, P. **Do hipertexto opaco ao hipertexto transparente**. Parte 1. Recife, 2010. Conferência proferida durante o 3º Simpósio Hipertexto e Tecnologias na Educação: Redes Sociais e Aprendizagem. Disponível em: <https://youtu.be/ZLwgyuioRxw>. Acesso em: 7 dez. 2016.

LÉVY, P. **Do hipertexto opaco ao hipertexto transparente**. Parte 2. Recife, 2010. Conferência proferida durante o 3º Simpósio Hipertexto e Tecnologias na Educação: Redes Sociais e Aprendizagem. Disponível em: <https://youtu.be/oCwWL9jIRkc>. Acesso em: 7 dez. 2016.

LÉVY, P. **Do hipertexto opaco ao hipertexto transparente**. Parte 3. Recife, 2010. Conferência proferida durante o 3º Simpósio Hipertexto e Tecnologias na Educação: Redes Sociais e Aprendizagem. Disponível em: <https://youtu.be/I8jGCYTqTrI>. Acesso em: 7 dez. 2016.

LÉVY, P. **Do hipertexto opaco ao hipertexto transparente**. Parte 4. Recife, 2010. Conferência proferida durante o 3º Simpósio Hipertexto e Tecnologias na Educação: Redes Sociais e Aprendizagem. Disponível em: <https://youtu.be/I9BUaMGKUuU>. Acesso em: 7 dez. 2016.

Os *links* correspondem a uma apresentação do filósofo francês Pierre Lévy a respeito de algumas questões sobre o presente e o futuro das TICs para a inteligência, a educação e a sociedade. O pesquisador comenta sobre a conectividade e o excesso de dados, além de indagar como é possível gerenciar e qualificar o fluxo de informações disseminado com o uso das mídias digitais. A apresentação está dividida em quatro partes.

BIBLIOTECA: Linha do tempo. Disponível em: <http://www1.uol.com.br/bibliot/linhadotempo/index.htm>. Acesso em: 7 dez. 2016.

Esse *link* leva para uma linha do tempo que apresenta um histórico da civilização, a partir de fatos e datas importantes, compondo um resumo de 5.400 anos de história. O diagrama permite selecionar os períodos e acompanhar a evolução temporal.

Atividades de autoavaliação

1. Selecione a alternativa que permite compreender a diferenciação do material didático quanto ao seu formato:
   a) O uso do computador não altera o processo comunicativo. Os textos, as imagens e os vídeos permanecem isolados, e as redes não estimulam a conexão entre estudantes na EaD. No entanto, o material didático utilizado nas escolas para o ensino presencial é, preferencialmente, o livro digital.
   b) O uso do computador não interfere nos processos de comunicação nem nas práticas de ensino, pois a maioria das escolas prefere usar livros impressos.
   c) O uso do computador afetou o processo comunicativo e todos os tipos de mídia, já que o equipamento passou a concentrar as possibilidades de recepção, produção e distribuição de texto, imagem, áudio e vídeo. A complexificação do campo comunicacional com a convergência entre os computadores, conectados em rede com outros dispositivos, ampliou a oferta de conteúdo para o formato digital.
   d) Na modalidade a distância, é mais provável o uso de material impresso do que no ensino presencial. O computador não é usado nos processos de comunicação entre professores e estudantes na EaD.

2. Selecione a alternativa que contém a definição do termo *mídia* de acordo com o texto do pesquisador Gosciola (2003):
   a) Na maioria dos usos, o termo *mídia* identifica o recurso pelo qual se transmite uma informação, o qual funciona como um canal. As mídias digitais são definidas como um recurso ou meio de comunicação baseado nas novas tecnologias. Um CD-ROM, por exemplo, é uma mídia digital usada em computadores.
   b) Na maioria dos usos, o termo *mídia* significa um CD-ROM ou um DVD, um suporte rígido para a impressão do material em imagens e textos ou audiovisual.
   c) O termo *mídia* significa um canal de comunicação, mas não pode ser usado para identificar os canais de televisão ou os conglomerados de jornais e revistas.
   d) O termo *mídia* significa um tipo de suporte e pode variar entre DVD, CD, CD-ROM. O termo está relacionado a um suporte que pode ser gravado, reproduzido e distribuído, como um DVD, para divulgar um trabalho musical artístico.

3. Quais são as características que diferenciam as novas mídias? Identifique a alternativa correta:
   a) As novas mídias são aquelas que devem ser usadas em computadores com sistema operacional Windows. Se o computador não for atualizado, será impossível acessar o conteúdo de um DVD.
   b) As novas mídias representam uma inovação na aquisição, organização e difusão do conhecimento e, nesse caso, podem ser exemplificadas pela hipermídia, que se realiza a partir do uso ou do caminho escolhido pelo usuário na *web* e pressupõe interatividade, recursos, navegação não linear e autoria.
   c) As novas mídias representam poucas inovações; a maioria é baseada no uso de um suporte tipo DVD ou CD-ROM e permite uma leitura linear do conteúdo gravado.
   d) As novas mídias são aquelas que devem ser usadas em computadores com sistema operacional Macintosh ou MAC. Se o computador não for atualizado, será impossível acessar o conteúdo de um DVD.

4. Quais são as diferenças entre o desenvolvimento em mídias digitais e a criação tradicional, por exemplo, impressa? Selecione a alternativa correta:
   a) O desenvolvimento de uma proposta de material educativo não depende da escolha das mídias nem do meio de comunicação ou do conteúdo. A proposta pode ser elaborada com base nas ideias do autor em comparação com outros materiais educativos. No material impresso, não é recomendável o uso de imagens, para evitar problemas de direitos autorais.
   b) O material educativo pode ser desenvolvido por um único autor, se for impresso e não precisar da liberação de direitos autorais.
   c) O material educativo deve ser produzido em equipe, contar com diversos profissionais, do autor ao editor. No entanto, o público-alvo não será necessariamente considerado antes da etapa de finalização do material educativo. Se o material for impresso, recomenda-se a produção de um teste para conferir a qualidade das cores na impressão.
   d) O desenvolvimento de uma proposta de material educativo que faça uso das mídias digitais depende do meio de comunicação, da escolha das mídias, das especificidades da modalidade de educação, do conteúdo e do público-alvo, isto é, depende de um conjunto de linguagens (discursiva, imagética, sonora, visual, audiovisual) e, consequentemente, de questões que envolvem interatividade, programação, roteiro e equipe. Nesse caso, o produto escapa da hierarquia e da linearidade, com o uso de *links* e nós, caminhos que podem criar redes de informações a serem investigadas pelo usuário.

5. Selecione uma alternativa que apresente uma definição adequada de *hipertexto*:
    a) O termo *hipertexto* foi cunhado pelo filósofo americano Theodor Nelson com base em suas investigações sobre um projeto precursor a respeito da lógica do pensamento, em suas próprias suposições sobre o futuro das redes de computadores e na identificação de uma capacidade não linear de escrita dos textos. Essa ideia foi fundamental para a criação da *web*, que começou com textos e hiperligações, reunindo páginas com associações entre imagens, sons e, depois, vídeos.
    b) O termo *hipertexto* foi cunhado pelo estadista norteamericano George Bush com base em investigações sobre um projeto precursor a respeito da lógica do pensamento, em suas próprias suposições sobre o futuro das redes de computadores e na identificação de uma capacidade não linear de escrita dos textos. Essa ideia foi fundamental para a criação da *web*, que começou com textos e hiperligações, reunindo páginas com associações entre imagens, sons e, depois, vídeos.
    c) O termo *hipertexto*, quando foi criado, não contemplava ideias sobre a lógica do pensamento, suposições sobre o futuro das redes de computadores e a identificação de uma capacidade não linear de escrita dos textos. Essa ideia foi fundamental para a criação da *web*, que começou com textos e hiperligações, reunindo páginas com associações entre imagens, sons e, depois, vídeos.
    d) O termo *hipertexto* foi cunhado pelo teórico norte-americano Pierre Lévy com base em investigações que realizou nos anos de 1990 sobre o futuro das redes de computadores e sobre a identificação de uma capacidade não linear de escrita dos textos, que ficou conhecida como *inteligência coletiva*. Essa ideia foi fundamental para a criação da *web*, que começou com textos e hiperligações, reunindo páginas com associações entre imagens, sons e, depois, vídeos.

Atividades de aprendizagem

Questões para reflexão

1. Procure na internet outras definições para os termos *hipertexto*, *multimídia* e *hipermídia*. Elabore um breve texto que estabeleça uma comparação entre eles e comente suas aplicações.

2. Identifique algumas características da produção da hipermídia. Caso tenha disponibilidade, pesquise alguns exemplos na internet. Elabore um quadro que resuma as conclusões de sua pesquisa.

Atividade aplicada: prática

A combinação entre as funções de autor e leitor causou mudanças na produção de textos? Descreva essas mudanças em um breve texto e comente-as com seus colegas.

5

Elaboração de material didático: mercado e atuação profissional

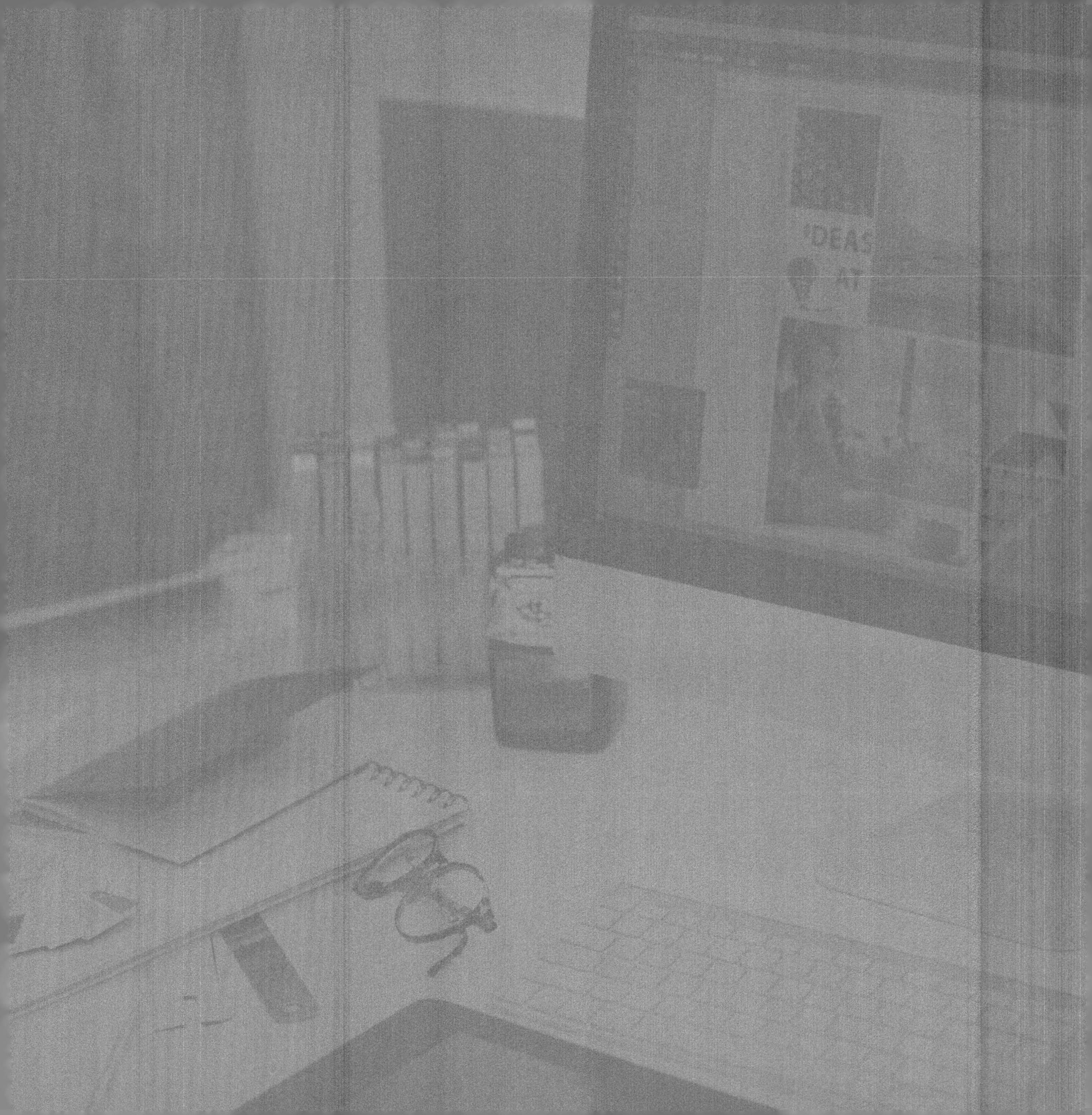

No início deste estudo, refletimos sobre o conceito e os esquemas de classificação do material didático. Agora, tais elementos servirão de fio condutor para discutirmos a produção e analisarmos a configuração da cadeia produtiva do livro e os limites do mercado.

Nos setores da economia, da indústria e da educação, avaliações de especialistas possibilitam identificar pontos fracos e fortes dos sistemas de produção, distribuição e comercialização, além de oferecerem um diagnóstico do funcionamento da cadeia produtiva do livro. Grande parte dessas análises ou estudos, realizados por pesquisadores, institutos, órgãos de classe e entidades, fornece subsídios para o estabelecimento de políticas públicas, para o livro, a leitura e as bibliotecas no Brasil. Tais opiniões de especialistas e profissionais atuantes contribuirão para o melhor entendimento das especificidades e dos mecanismos dessa importante produção editorial e educacional.

Na educação brasileira, o mais antigo e consolidado programa de distribuição de livros didáticos criado pelo Ministério da Educação (MEC), o Programa Nacional do Livro Didático (PNLD), tem adotado um processo próprio de avaliação das obras, que assegura a qualidade dos livros a serem adquiridos.

Exemplarmente, em um relatório sobre o PNLD, concluído no final dos anos de 2000, o pesquisador Antônio Batista (2001, p. 7) destacou as seguintes finalidades desse programa: "seus objetivos básicos são a aquisição e a distribuição, universal e gratuita, de livros didáticos para os alunos das escolas públicas do ensino fundamental brasileiro".

Os mecanismos de distribuição de livros didáticos precisam atender às etapas da escolaridade, de maneira regular, contínua e com qualidade. Portanto, é preciso conhecer esses processos e seus indicadores e contribuir para que seus objetivos sejam alcançados.

As transformações tecnológicas, desde a década de 1990, começaram a alterar a forma de criar, produzir e distribuir livros. As atuais e futuras tecnologias, com a inovação do livro digital, ou *e-book*, serão responsáveis por implementar alterações na cadeia produtiva, tais como as que dizem respeito às relações entre autor e editor. Ressaltamos, por fim, a natureza do *e-book* no mundo digital como forma de comunicação.

5.1 Conceito de material didático: educação e mercado

O **livro didático impresso** continua sendo o material de uso mais frequente na modalidade presencial, em todas as etapas da educação básica. Além disso, em 2008, o último levantamento realizado pela Associação Brasileira de Educação a Distância (Abed) confirmou que a mídia impressa ainda é a mais utilizada, mesmo na educação a distância (EaD), conforme 77,10% das instituições pesquisadas.

A discussão sobre um modelo de livro didático permeia as políticas públicas no Brasil. Existem algumas funções dos materiais didáticos que, independentemente dos avanços das tecnologias de informação e comunicação (TICs), vigoram entre as práticas de ensino de sala de aula.

Na análise crítica do PNLD sobre um recorte das ações do programa[1] (1985-2000), realizada por Batista (2001, p. 29), essas funções estão concentradas em quatro itens estruturais para o material didático: 1) estruturar o trabalho pedagógico; 2) organizar o livro pelos conteúdos curriculares; 3) organizar, com base em um conjunto de atividades, o ensino-aprendizagem desses conteúdos; e 4) distribuir esses conteúdos e atividades conforme uma progressão escolar, de acordo com as séries e as unidades de

---

1 Decreto-Lei n. 91.542, de 19 de agosto de 1985, que estabeleceu e fixou parte das características e a denominação atual do PNLD.

ensino. Portanto, nesse estudo, foi possível identificar uma matriz conceitual para o livro didático com a qual, ressalte-se, Batista não concorda:

> Embora, em momento algum, explicitem sua **concepção** de livro didático, ainda que tacitamente, os editais do PNLD e seus critérios de avaliação mostram que o Programa é tributário deste modelo cristalizado de manual escolar, já que é essa concepção de livro didático que o PNLD pressupõe; pressupondo-a, tende a contribuir para sua permanência, inibindo o surgimento de outros padrões de manuais escolares e limitando, assim, sua participação na promoção da melhoria da qualidade do ensino. (Batista, 2001, p. 30, grifo do original)

Essa opção apontada por Batista não foi necessariamente a única adotada para o livro didático no Brasil; outras possibilidades também eram usuais, como antologias, compêndios e livros de referência. No final dos anos de 2000, o historiador Alain Choppin (2009, p. 12) apresentou uma consistente investigação sobre manual escolar, comentando natureza e funções, além de delimitar um conceito, apontar os suportes e as modalidades de difusão e de utilização.

De acordo com o historiador, existem inúmeras denominações entre os educadores dos vários países investigados. Apesar de o conceito de livro escolar ter uma história recente, segundo esse autor, já foram empregadas diferentes expressões para nomear tal material e, na língua portuguesa, existem os seguintes termos: *antologia* (referente à organização de um conjunto de textos) e *compêndio* (função sintética) (Choppin, 2009, p. 15).

No Quadro 5.1, é possível observar que, entre essas denominações, algumas estavam relacionadas, na maior parte das vezes, às diferentes qualidades e características da materialidade, dos títulos, das funções etc.

Quadro 5.1 – Denominações dos manuais em diferentes idiomas, de acordo com a tipologia identificada por Choppin (2009)

Tipologia / Idioma	Português	Italiano	Francês	Espanhol	Alemão	Inglês
Conjunto de textos	antologia	*florilegio*	*recueil*			
Função sintética	compêndio		*précis*	compendio		
Conjunto		*ristretto*				
Papel diretivo			*mentor*	*guía*	Hilfsbuch	
Método aprendizagem			*cours*			*method*
Características do título	Fácil, rápido, completo, novo.					
Perguntas e respostas		*dialoghi*	*catéchisme*	*catecísmo*		
Tipo de organização			*rudiments*	*nociones*		*elements*
Características materiais	cartilha	*tavola*		*cartilla*		*horn-book*

Fonte: Elaborado com base em Choppin, 2009, p. 15-16.

As políticas públicas educacionais encetadas pelo MEC, vinculadas ao livro didático, oferecem uma série de orientações e determinações. Conforme os pesquisadores Zambon e Terrazzan (2013), estas funcionam como prescrições para o desenvolvimento das atividades cotidianas nas instituições escolares.

Os pesquisadores destacam que o PNLD é considerado o maior programa de aquisição[2] de livros didáticos do mundo e que, desde 2010, ele garante a distribuição de materiais didáticos para toda a educação básica. Os mesmos autores confirmam a importância do mecanismo de escolha pelos professores e a presença dos livros didáticos no cotidiano dos alunos, de maneira efetiva e intensa, com perspectivas de melhor utilização desse material pela comunidade envolvida (Zambon; Terrazzan, 2013).

Outra exigência que movimenta o setor é o apoio suplementar oferecido a professores e alunos com o uso de tecnologias, desde mídias em CD-ROM e DVD até acesso ao conteúdo *on-line* das publicações didáticas em portais.

Muitas editoras oferecem programas de treinamento para uso do material didático e publicam, em geral, coleções com livros do professor, do aluno, de arte e outras propostas. Esse atendimento pode contar com a apresentação e propagação do material em eventos dirigidos aos professores, aos gestores e ao corpo técnico das escolas de ensino fundamental e médio, além da divulgação diretamente nas escolas. Tais programas se tornaram parte dos investimentos realizados pelas editoras na produção de obras didáticas, desde que estas já tenham sido aprovadas pelo MEC.

5.2 Cadeia de produção: profissionais e produtos

No contexto local e mundial, observamos o impacto da política pública voltada aos livros didáticos e o poder de compra do governo, quando, em uma avaliação sobre os mercados internacionais do livro, Earp e Kornis (2005, p. 66) analisaram os dados apresentados pela consultora Euromonitor International (2003) e afirmaram: "tanto na China quanto no Brasil mais de 50% dos livros são comprados pelo governo para distribuição a estudantes e, no entanto, o gasto público com bibliotecas é praticamente nulo".

Contudo, essa falta de investimento nos acervos públicos no Brasil tem sido combatida desde o final da década de 1990, por meio de diferentes ações do MEC e, principalmente, com o Programa Nacional

---

2 "Já na década de 2000, assistimos a uma ampliação do PNLD, com a perspectiva de expandir a universalização da distribuição de livros para o ensino médio e para a modalidade Educação de Jovens e Adultos (EJA). Em 2003 é criado, a partir da Resolução CD/FNDE nº 38, de 15 de outubro de 2003, o Programa Nacional do Livro para o Ensino Médio (PNLEM) e, em 2007, a partir da Resolução CD/FNDE nº 18, de 24 de abril de 2007, é criado o Programa Nacional do Livro Didático para a Alfabetização de Jovens e Adultos (PNLA)" (Zambon; Terrazzan, 2013, p. 588).

Biblioteca na Escola (PNBE)[3], o qual adota critérios para o atendimento das escolas e distribui recursos por etapa, ciclo e modalidade de educação[4].

Guilherme Mello (2012, p. 436), analista do Banco Nacional de Desenvolvimento Econômico e Social (BNDES), reforça a posição do setor de livros didáticos como o maior segmento do mercado editorial brasileiro, responsável por 50% das unidades comercializadas até 2012, conforme o relatório anual da Câmara Brasileira do Livro (CBL) e do Sindicato Nacional dos Editores de Livros (SNEL). Outro destaque é a concentração do segmento de livros didáticos (FNDE, 2016) nas editoras do Grupo Abril (Ática e Scipione), nas editoras Moderna, Saraiva e FTD e no papel do governo brasileiro como principal e maior comprador. Embora tenha havido aumento no volume de vendas, conforme pode ser visualizado no Quadro 5.2, prevalecem as editoras já consolidadas e com o maior número de exemplares vendidos por ano.

Quadro 5.2 – Distribuição do volume de vendas do PNLD – ensino fundamental e médio por editora

Editoras	PNLD 2012	PNLD 2013
Ática (Grupo Abril)	33.230.029	28.873.832
Moderna	30.615.475	22.961.170
Saraiva	30.880.701	20.705.477
FTD	24.859.844	19.680.753
Scipione (Grupo Abril)	17.175.813	15.947.440
Brasil	2.294.415	3.279.426
Positivo	3.851.884	2.662.015

Fonte: Elaborado com base em FNDE, 2016.

---

3   O PNBE foi instituído pela Portaria n. 584, de 28 de abril de 1997 (Brasil, 1997), com o objetivo de adquirir obras de referência, de literatura e de pesquisa, bem como outros materiais de apoio à prática educativa.

4   Conforme a resolução n. 7, de 20 de março de 2009 (Brasil, 2009), também conhecida como *Lei do PNBE*.

Por outro lado, o crescimento do mercado editorial brasileiro despertou o interesse de muitas empresas do cenário mundial e, entre os anos de 1990 e 2010, aconteceram várias aquisições e fusões, responsáveis por alterações estruturais e pela reconfiguração de forças entre as editoras e as livrarias.

> A partir da década de noventa, observamos o aumento das aquisições de editoras e a entrada de grandes empresas editoriais estrangeiras, como o grupo Santillana (espanhol), a editora Planeta (espanhol) e a editora Leya (português). As livrarias também atravessaram um processo de concentração, principalmente com a aquisição da Livraria Siciliano pela Saraiva, em 2008, e com o crescimento das redes médias e grandes como Livraria Curitiba, SBS, La Selva, Rede Leitura e Livraria Cultura, para citar algumas. (Fonseca, 2013, p. 87)

Mudanças têm movimentado os negócios nas duas últimas décadas, atingindo tanto editoras quanto gráficas, com exigências de maior eficiência e tecnologias e também com a redistribuição das tarefas de produção, que envolvem tanto autores e editores quanto o restante da cadeia produtiva. Nesse contexto, os propósitos de atuação de editoras e livrarias têm alterado as atividades desses agentes: "Em geral, as editoras limitam suas atividades ao segmento editorial, mas algumas se verticalizam em direção a outros elos da cadeia, principalmente à distribuição, à produção gráfica e ainda à comercialização, por meio de livrarias próprias" (Mello, 2012, p. 431).

São os catálogos das obras e dos autores que contribuem para destacar as editoras no mercado, um ativo tão importante quanto as práticas de seleção de obras e contratação de autores, diretamente relacionadas às negociações de direitos autorais e ao pagamento dos demais direitos correlatos[5].

Outra condição de desenvolvimento para o setor editorial, que se acelerou a partir da década de 1990, são os processos tecnológicos de produção e de comercialização, tais como: desenvolvimento de livros didáticos com uso de *software* de edição; impressão por encomenda ou *print-on-demand*; comercialização pela internet de livros impressos ou *e-books*.

---

5   Os direitos correlatos ou conexos, vizinhos ou análogos (aos direitos de autor) decorrem de uma realidade socioeconômica gerada pela mudança tecnológica que modifica a maneira como a obra vai ser arquivada ou distribuída ou por quem a obra vai ser apresentada.

> Assim, surgiram novos intermediários da editoria digital, novos agentes da cadeia editorial originados pelo *e-business*. Alguns exemplos são os *sites* dedicados a prestar serviços de busca especiais de textos e livros eletrônicos publicados gratuitamente pela *web*, a comparar preços de livros e outros produtos ou a publicar e vender livros eletrônicos. (Barros, 2005, p. 136)

O uso de recursos *on-line* para impressão de exemplares de acordo com a demanda (*print-on-demand*) permite eliminar o estoque e publicar tiragens pequenas para atender à necessidade dos consumidores. O surgimento desse processo eletrônico de impressão vai contribuir para a inclusão cada vez maior da oferta dos serviços editoriais, combinada às práticas de comércio eletrônico na internet.

A oferta do livro impresso por encomenda conta com custos acessíveis e facilidade de entrega com o apoio de distribuidores físicos e, certamente, poderá contrapor-se ao livro eletrônico, já que não exige equipamentos para manuseio nem licenças especiais.

Por outro lado, o **livro digital** ou ***e-book*** vai modificar todo o processo de criação, autoria, produção, publicação e consumo, ainda que a inovação trazida por esse tipo de livro precise vencer uma série de barreiras entre produtores, distribuidores e fabricantes de equipamentos quanto a diferentes formatos, modelos ou padrões, direitos autorais, licenças dos sistemas de *software* e de *hardware*. Por isso, a adesão do mercado ao *e-book* vai exigir uma profunda modificação da cadeia produtiva do livro.

Essas transformações atingirão também as práticas culturais de consumo e de leitura, pois por meio do livro digital é possível incorporar buscas por palavras, fazer anotações, promover alterações da posição das páginas na tela e o tamanho das letras para facilitar a leitura, bem como arquivar as obras, configurando um acervo pessoal.

Uma das definições do livro digital confirma suas potencialidades de produção, distribuição e fruição, conforme Lynch (2001, tradução nossa) propôs:

um livro digital[6] é somente uma grande coleção estruturada de bits que pode ser transportada em CD-ROM ou outros tipos de mídias de armazenamento ou pela rede e que se destina a ser usufruída (visualizada e lida) mediante alguma combinação de *hardware* e *software*, que pode variar desde computadores até os novos dispositivos de leitura de livros ou navegadores da *web*.

Há uma variedade de soluções criadas com base nas combinações entre programas e equipamentos, o que pode abranger traduções literais e digitais dos livros impressos, obtidas com *scanners* ou com os arquivos[7] em PDF, que permitem, por exemplo, visualizações em dispositivos como os leitores de livros digitais ou *e-book readers*.

As facilidades do livro digital começam com os serviços *on-line* que permitem hospedar e divulgar esse tipo de publicação, tais como algumas plataformas gratuitas de compartilhamento de edições digitais. Muitas dessas plataformas podem ser utilizadas também por meio de dispositivos eletrônicos, como telefones celulares, *netbooks* e *tablets*.

Nesse contexto, Lynch (2001) observa que nem todos os livros digitais podem ser visualizados em qualquer tipo de equipamento, já que existem restrições quanto aos direitos de uso, tanto do conteúdo quanto dos dispositivos. No entanto, existe uma grande variedade de livros digitais que transitam entre vários tipos de tecnologia.

Assim, as questões que se apresentam são: Será que o livro digital vai substituir o livro impresso? Quais serão as alterações da cadeia produtiva do livro e, principalmente, dos direitos autorais?

Em contrapartida, em relação ao desenvolvimento das aplicações e das funcionalidades para os livros digitais, os novos profissionais que vierem a trabalhar com esse tipo de livro contarão com conhecimentos e habilidades, em particular, relacionados às TICs.

---

6   O autor destaca que também a música digital e o vídeo digital são estruturados por *bits*; no mundo da convergência digital, todos parecem iguais e podem ser manipulados e geridos da mesma maneira (Lynch, 2001).

7   PDF, acrônimo da expressão em inglês *portable document format* (formato portátil de documento), que se refere a um formato de arquivo desenvolvido pela empresa Adobe em 1993.

5.3 Potencialidades e tendências para o ensino de Arte

A seleção e utilização de material didático diversificado e de objetos de aprendizagem, o uso de recursos tecnológicos e o acesso às redes, além de outros processos de capacitação e melhorias estruturais, num mundo globalizado, são indicativos de uma educação de qualidade.

Essas características constituem expectativas que são partilhadas entre estados, empresas do terceiro setor e instituições públicas e privadas em todo o país. Entre as preocupações externadas nessas diferentes instâncias, destaca-se a manutenção do equilíbrio das relações entre integrantes da cadeia produtiva do livro (universidades, escolas, professores, alunos e familiares, editoras, gráficas e distribuidores) e o mercado competitivo mundial.

A digitalização das mídias e sua consequente convergência exigem melhor distribuição dos recursos tecnológicos em cada parte integrante da cadeia produtiva, para que cada uma delas possa exercer seu papel. Em alguns casos, já é possível combinar alternativas que beneficiam estudantes e optar pelo livro digital ou *e-book*, uma escolha que ajuda a controlar os custos finais do material didático. Com esses propósitos, a produção e o desenvolvimento de material didático por meio do uso de tecnologias digitais já integram linhas de ação em programas de governo, universidades e laboratórios experimentais.

Por exemplo, as diferentes plataformas de *bloggings*, de pesquisa e de publicações digitais facilitaram a divulgação de vários (se não de todos) tipos de produções, tais como: periódicos, catálogos, livros de arte, portfólios, vídeos, *fanzines* e livros de artista.

Tais plataformas possibilitam o armazenamento de vários tipos de produções, como publicações classificadas por tema, além de permitirem a divulgação de trabalhos de editores, artistas e *designers* ou de qualquer pessoa, contando ainda com acesso gratuito para usuários de todo o mundo.

A plataforma ISSUU, por exemplo, é uma das alternativas disponíveis para hospedar publicações e trabalhos artísticos já editados e que possam ser convertidos em formatos de arquivo compatíveis (tipo PDF) para serem exibidos em *flash* (swf). A plataforma permite a inserção de vídeos a partir de *hyperlinks/URLs*[8].

---

8   URL, acrônimo do termo em inglês *uniform resource locator*, é o endereço de uma página da rede na qual o vídeo está hospedado, por exemplo, YouTube ou Vimeo.

Síntese

Neste capítulo, comentamos os avanços e impactos do PNLD, principal e mais consolidado programa de política pública de distribuição de livros didáticos no Brasil. Conforme nos apontam alguns pesquisadores, o volume de livros distribuídos aos estudantes equivale a mais de 50% de toda a produção do mercado editorial voltado para o setor educacional.

As reflexões sobre o conceito de material didático e sobre a aplicação dos esquemas de classificação foram tomadas como fio condutor para analisarmos a configuração da cadeia produtiva do livro e os limites do mercado sob o impacto das novas tecnologias.

Por outro lado, a somatória das avaliações de especialistas possibilitou conhecer pontos fracos e fortes dos sistemas de produção, distribuição e comercialização e, nesse contexto, contribuiu para um diagnóstico do funcionamento desse segmento, além de subsidiar a formulação de políticas públicas.

Por fim, destacamos que a apresentação dos relatórios sobre as várias edições do PNLD sugere mudanças no programa e, também, a ampliação e o atendimento com regularidade de todas as modalidades. É importante conhecer os argumentos e as sugestões tanto em defesa da continuidade do programa quanto no sentido de propor transformações em sua configuração. Além disso, as críticas podem contribuir para a evolução das políticas na área.

Indicações culturais

BIBLIOTECA BRASILIANA GUITA E JOSÉ MINDLIN. Disponível em: <http://www.bbm.usp.br/node/27>. Acesso em: 7 dez. 2016.

> Essa biblioteca *on-line* disponibiliza um acervo com cerca de 3 mil títulos, com acesso livre. As coleções têm foco principal em temas relacionados ao Brasil. Os livros de literatura e de história, bem como os mapas, as iconografias e uma coleção de periódicos dos séculos XIX e XX, são particularmente significativos.

BRASIL. Ministério da Educação. **Rived**. Disponível em: <http://rived.mec.gov.br/>. Acesso em: 7 dez. 2016.

A Rede Internacional Virtual de Educação (Rived) é um programa da Secretaria de Educação a Distância (Seed) que disponibiliza conteúdos digitais para a aprendizagem nas disciplinas da educação básica e a formação cidadã. Os objetos de aprendizagem são atividades multimídia e interativas, que incorporam animações e simulações. É possível pesquisar as atividades por etapa de ensino, áreas de conhecimento e palavras-chave. Os objetos são apresentados com informações para sua aplicação e *download*, objetivos e um guia para o professor.

CENTRO VIRTUAL CAMÕES. Biblioteca Digital Camões. Disponível em: <http://cvc.instituto-camoes.pt/conhecer/biblioteca-digital-camoes.html> Acesso em: 7 dez. 2016.

A Biblioteca Digital Camões é uma iniciativa do Instituto Camões, de Portugal, e integra a administração do Ministério dos Negócios Estrangeiros desse país. O portal oferece uma série de livros digitais e algumas obras interativas (histórias virtuais).

EDUTUBE. Disponível em: <http://edutube.org/de/search_video>. Acesso em: 7 dez. 2016.

O portal Edutube é uma organização e também uma enciclopédia tipo *Wiki* que está disponível em vários idiomas e facilita a localização de material audiovisual educativo, já que dispõe de uma base de dados coletiva.

I2ADS — Instituto de Investigação em Arte, Design e Sociedade. Disponível em: <http://www.i2ads.org>. Acesso em: 7 dez. 2016.

A plataforma de investigação, ação e desenvolvimento I2ADS está sediada na Faculdade de Belas Artes da Universidade do Porto e foi criada em 2011, operando nas áreas de arte, *design* e pesquisa artística, com atenção especial aos temas sociais. Composto por núcleos de investigação e uma estrutura administrativa, conta com um total de 125 membros. Diferentes pesquisas, relatos, trabalhos acadêmicos e ações artísticas realizadas pelo grupo são disponibilizados nessa plataforma.

INSTITUTO PARAMITAS. Disponível em: <http://institutoparamitas.org.br/web/index.php>. Acesso em: 7 dez. 2016.

O Instituto Paramitas é uma organização criada por educadores com a intenção de desenvolver ações que contribuam para a qualidade educativa e social. A entidade atua, desde 2009, no desenvolvimento de ações socioeducativas aliadas à tecnologia. No portal, são oferecidas várias opções de atividades e recursos, como jogos educativos, produção de livros digitais e acesso à plataforma My Documenta, um recurso inovador de comunicação, criação e publicação de conteúdos e projetos multimídia *on-line*. A plataforma pode ser acessada no seguinte *link*: <http://www.mydocumenta.com/web/?q=content/documenta>.

PUC-RIO – Pontifícia Universidade Católica do Rio de Janeiro. Disponível em: <http://www.ccead.puc-rio.br/?page_id=11321>. Acesso em: 7 dez. 2016.

O ambiente de aprendizagem *on-line* da PUC-Rio oferece também cursos gratuitos a distância em várias áreas do conhecimento. O grupo de pesquisa gestor desse ambiente participa de atividades científicas das áreas de informática na educação e educação a distância. É possível acessar publicações acadêmicas produzidas pela equipe.

REA – Recursos Educacionais Abertos. Disponível em: <http://www.rea.net.br/site/>. Acesso em: 7 dez. 2016.

A Organização das Nações Unidas para a Educação, a Ciência e a Cultura (Unesco) publica periodicamente um guia sobre os recursos educacionais abertos (REA). O guia apresenta uma listagem dos materiais de suporte à educação que podem ser acessados, reutilizados, modificados e compartilhados livremente. O REA inclui uma série de recursos, tais como: cursos, programas e materiais, módulos, guias do aluno, anotações de aula, livros didáticos, artigos, vídeos, ferramentas e instrumentos de avaliação, materiais interativos (por exemplo, simulações), dramatizações, *softwares*, aplicativos.

UFRJ – Universidade Federal do Rio de Janeiro. **Guia de visitação ao Museu Nacional**: reflexões, roteiros e acessibilidade. Rio de Janeiro: Ed. da UFRJ, 2013. Disponível em: <http://www.museunacional.ufrj.br/destaques/guia_MN.pdf>. Acesso em: 7 dez. 2016.

> Esse guia tem como objetivos orientar as visitas ao Museu Nacional e apresentar informações gerais sobre o acervo, as exposições, além do histórico do Palácio Quinta da Boa Vista, bem como comentar os projetos educativos do museu. O formato do guia é dinâmico, com acesso ao *menu* e aos temas importantes do museu.

UNIVERSIA LIVROS. Disponível em: <http://livros.universia.com.br/>. Acesso em: 7 dez. 2016.

> A Universia Livros é uma rede de cooperação universitária da América Latina que disponibiliza uma biblioteca digital de obras em domínio público para *download* gratuito. Oferece diversos títulos da literatura brasileira e clássicos mundiais em versões em PDF.

Atividades de autoavaliação

1. O livro didático impresso continua sendo o material mais utilizado na educação? Por quê?
    a) O material impresso não é o recurso mais utilizado em sala de aula, já que a EaD é a modalidade que mais cresce nos dias de hoje. Os tipos de recursos audiovisuais ou que utilizam novas tecnologias são preferidos ao material impresso.
    b) O material impresso deixou de ser a mídia mais utilizada na educação presencial e a distância, por inúmeros fatores, desde as dificuldades de impressão e distribuição até os custos dos insumos. No entanto, os programas públicos, independentemente dos avanços das TICs, continuam a apoiar e incentivar o uso dos materiais impressos entre as práticas de ensino de sala de aula e, assim, contribuem para a manutenção dos patamares de vendas desses produtos.

c) O material audiovisual distribuído digitalmente (em mídias digitais ou suportes como DVD e CD-ROM) e pela internet pode ser considerado o material didático de maior consumo, em virtude das facilidades de distribuição e de acesso, independentemente do local e do período de oferta das atividades de ensino.

d) O material impresso continua sendo a mídia mais utilizada na educação presencial e a distância, por inúmeros fatores, desde a facilidade de manuseio até o apoio dos programas de governo para as políticas públicas do livro e da leitura. Existem algumas funções dos materiais didáticos que, independentemente dos avanços das TICs, vigoram entre as práticas de ensino de sala de aula.

2. Quais eram as funções do livro didático encontradas em análises sobre o PNLD até os anos 2000?

a) Essas funções variam de acordo com o nível e a modalidade da educação e não dependem do tipo de material.

b) Essas funções estavam concentradas em quatro itens fundamentais para o material didático: estruturar o trabalho pedagógico; organizar o livro pelos conteúdos curriculares; organizar os conteúdos com base em um conjunto de atividades para o ensino-aprendizagem; distribuir esses conteúdos e atividades conforme uma progressão escolar, de acordo com as séries e unidades de ensino.

c) Essas funções estavam subdivididas em quatro eixos fundamentais para qualificar o uso do material didático: apoiar o trabalho pedagógico das escolas; organizar as atividades de contraturno; subsidiar o projeto político pedagógico das escolas; subsidiar os planos das disciplinas.

d) As análises preconizadas pelo PNLD até esse período não previam o acompanhamento das decisões e escolhas quanto ao material pelas escolas. Os professores eram orientados a enumerar, em uma lista, as funções do material por ordem decrescente de importância.

3. Quais são as exigências de mudanças sugeridas aos editais recentes do PNLD?
   a) Muitas das reivindicações estão concentradas em sugerir o apoio suplementar oferecido aos professores e alunos com o uso de tecnologias, desde mídias em CD-ROM e DVD até acesso ao conteúdo *on-line* das publicações didáticas em portais. Parte das editoras já oferece treinamento para a utilização das publicações, com programações e eventos exclusivos para conquistar o professorado.
   b) As sugestões variam: ampliar as etapas da educação que eram atendidas, diversificar o material, incluir opções para atender o público com necessidades especiais. Além disso, preconiza-se o atendimento com material localizado para diferentes grupos, etnias ou comunidades.
   c) Muitas das reivindicações diferem quanto à necessidade de ampliar o atendimento às diferentes etapas e modalidades, já que o aumento de custo é significativo, mas o número de alunos atendidos não vai crescer proporcionalmente ao investimento.
   d) As sugestões continuam defendendo a ampliação dos grupos atendidos, maior número de disciplinas e, também, a diferenciação de suportes e a inclusão de diferentes tipos de material nas coleções didáticas.

4. Selecione a definição correta de *e-book* ou livro digital:
   a) Um livro digital é somente uma grande coleção estruturada de *bits* que pode ser transportada em CD-ROM ou outros tipos de mídia ou pela rede e que se destina a ser usufruída (visualizada e lida) em alguma combinação de *hardware* e *software*, seja em computadores, seja em novos dispositivos de leitura de livros. Os livros digitais não podem ser visualizados em qualquer tipo de equipamento em razão das restrições quanto aos direitos de uso.
   b) Um livro digital é um formato de arquivo legível em computadores, independentemente do sistema operacional, mas são poucos os programas que oferecem essa possibilidade e, por esse motivo, ocorre incompatibilidade entre os produtos e os equipamentos.

c) Um livro digital, para ser produzido e distribuído, não depende da escolha de um *software*, de um sistema operacional ou de um equipamento. No entanto, alguns *tablets* são produzidos especialmente para a leitura dos livros digitais e, por isso, a expansão do mercado depende da adaptação entre produtos e equipamentos disponíveis.

d) Um livro digital não pode ser distribuído e gravado em um CD-ROM ou DVD, já que requer um equipamento especial para sua visualização, compatível com seu formato.

5. Em que situações ocorreram mudanças no setor editorial, impulsionadas pela evolução das tecnologias de produção e comercialização?

a) Em especial, nos processos tecnológicos de produção e comercialização, como: desenvolvimento de livros didáticos com uso de *software* de edição; impressão por encomenda ou *print-on-demand*; comercialização pela internet de livros impressos ou *e-books*.

b) Na impressão dos livros didáticos, que não se manteve no processo tradicional, sendo a parte de distribuição a mais complexa da cadeia produtiva.

c) Não ocorreram mudanças nos processos de produção e comercialização, pois eles não foram alterados pela evolução das tecnologias, uma vez que o setor é bastante tradicional e não modernizou seu parque gráfico.

d) Não ocorreram mudanças nos processos tecnológicos de produção, pois estes continuam utilizando sistemas tradicionais para a composição e elaboração dos livros. Contudo, a demanda do material impresso se mantém estável.

Atividades de aprendizagem

Questões para reflexão

1. Pesquise uma lista de editoras que ofereçam serviços de impressão sob demanda (*print-on-demand*) e verifique as condições de produção para os autores, o tipo de oferta para os leitores, o número e a variedade de títulos, além de prazos e preços, qualidade do material, distribuição etc. Elabore uma tabela com os dados e comente os resultados com seus colegas.

2. Selecione uma das editoras já pesquisadas que ofereça o serviço de impressão sob demanda (*print-on-demand*). Escolha um de seus produtos e avalie um extrato do material quanto à qualidade da editoração e do conteúdo. Comente com seus colegas: há diferenças entre um material produzido pelo sistema tradicional e o utilizado como exemplo para a atividade?

Atividade aplicada: prática

Selecione e experimente um dos recursos da plataforma Rived. Em seguida, apresente uma sugestão de conteúdo que possa ser elaborada como um material didático distribuído nesse tipo de repositório. Comente sua ideia com seus colegas.

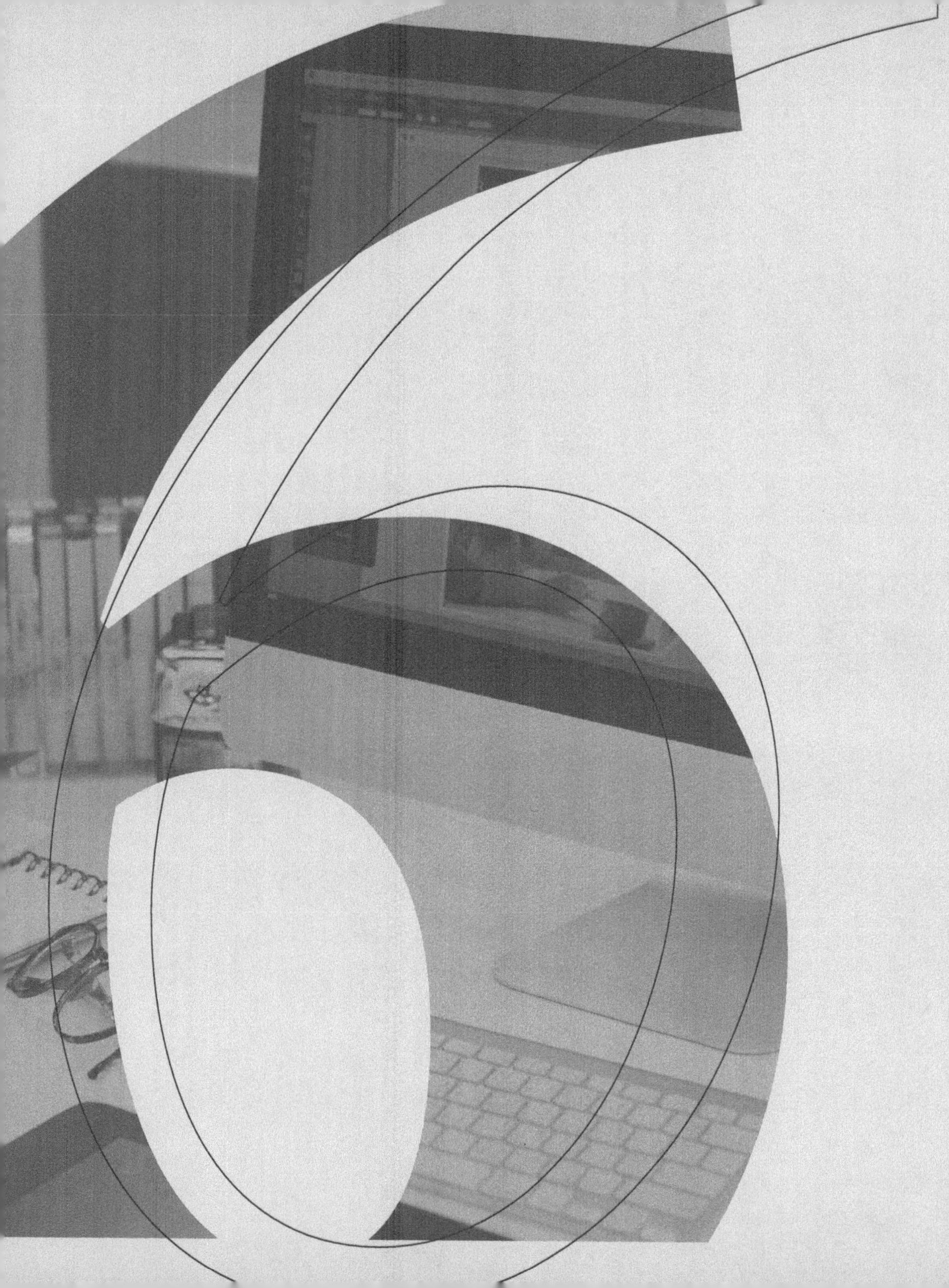

Roteiros de produção, checklist e avaliação

Ao longo deste estudo, examinamos uma série de etapas que envolvem a criação e o desenvolvimento de materiais didáticos, bem como discutimos as transformações advindas de diversos recursos tecnológicos e das novas tecnologias.

Neste capítulo, apresentaremos um conceito de *design* instrucional que implica o trabalho de equipes multidisciplinares, geralmente compostas por gestores, *designers*, programadores, professores e alunos. Ainda que existam práticas burocráticas e prescritivas identificadas como *design* instrucional por alguns desenvolvedores, em geral, ressaltamos que tais materiais provavelmente são fruto de contextos centralizadores, com adoção de modelos e padrões consolidados e sem um trabalho colaborativo.

Nesse contexto, advogamos o uso de modelos de desenvolvimento que incluam etapas, custos, cronogramas, versões de teste e *feedback* para a criação de produtos educativos. Num processo aberto e criativo, destacamos a importância do trabalho colaborativo com equipes formadas por profissionais de diferentes áreas: gestão, *design*, artes visuais, ilustração e computação gráfica, entre outras.

O *design* instrucional utiliza modelos recursivos (que podem ser revistos continuamente durante sua produção) para o desenvolvimento de materiais didáticos e depende do corpo técnico e das especificações e teorias de ensino-aprendizagem adotadas pelos sujeitos ou entidades, bem como do orçamento, do cronograma, do controle de qualidade, da avaliação, entre outros fatores.

6.1 *Design* instrucional: sentido e etapas da produção

No desenvolvimento de uma proposta de material didático, se um meio de comunicação se associa a um processo educacional para comunicar uma mensagem e facilitar a aprendizagem ou tornar-se instrucional, o resultado pode ser caracterizado como um **material** ou **mídia instrucional**.

Os métodos instrucionais se popularizaram nos Estados Unidos, aplicados à produção de materiais didáticos já na década de 1960. Autores como Gagné, Briggs e Wagger (1974), bem como Dick e Carey (1978), propuseram modelos que contribuíram para a sistematização do processo de ensino-aprendizagem.

Além destes, na década de 1970, instituições como a Open University (OU-UK), na Inglaterra, ao expandirem cursos e oferta de materiais didáticos, implementaram a gestão dos processos de ensino-aprendizagem e, com a divulgação sistemática de seus resultados e métodos, influenciaram outras entidades com propostas na modalidade a distância ou bimodais (Romiszowski; Romiszowski, 2005).

No Brasil, somente a partir de 1980 e, recentemente, com o avanço das tecnologias de informação e comunicação (TICs), o *design* instrucional passou a contribuir com os processos de desenvolvimento de cursos a distância e presenciais, de material didático em várias mídias e, também, de aplicativos multimídias.

Nos anos de 2000, profissionais com diferentes abordagens ampliaram o entendimento do *design* instrucional e aproximaram-se das propostas construtivistas e, recentemente, de conceitos como sistemas ou recursos educacionais. Nos Estados Unidos, a profissionalização dessas equipes ocorreu também em cursos de especialização, como exemplifica o programa Instructional Design & Technology da University of Houston, dedicado à formação de estudantes na área de *design* instrucional, o qual apoiou a ampliação das competências do profissional para o uso das novas tecnologias.

Uma das pesquisadoras da University of Houston, Irene Chen (2008), ao discutir as principais metodologias do *design* instrucional, comenta a correspondência desses processos com um conjunto interdependente de fases, tais como: análise do perfil e da *performance* dos aprendizes; contexto e *design* de objetivos; estratégias e ferramentas de avaliação; e produção de material instrucional.

A autora enumera uma variedade de profissionais que integram as equipes para o desenvolvimento de materiais instrucionais, também concebidos como ambientes de aprendizagem eletrônicos: gerente de projeto, *designers* instrucionais, *experts* em conteúdo, escritores, roteiristas, editores, desenvolvedores, equipe de programadores e de testes, especialistas em vídeo, engenheiros de som, artistas gráficos, diretores de arte etc. (Chen, 2008).

A variedade e a diversidade das combinações entre modalidades de educação e tecnologias de informação e comunicação (TICs) ampliaram o campo de pesquisa e produção do *design* instrucional e, também, o trabalho em equipe, por meio da contribuição de diferentes profissionais.

Conforme advoga Filatro (2007, p. 74), "Em uma era de redes, crescimento acelerado e descentralizado dos saberes e perspectivas, o *design* instrucional precisa refletir uma visão da educação que se relacione transdisciplinarmente com outras áreas de conhecimento e reconheça os avanços e críticas de correntes teóricas divergentes".

A Figura 6.1 resulta de um breve levantamento apresentado pela mesma autora ao discutir os diferentes campos de conhecimento que fundamentam o desenvolvimento do *design* instrucional.

Figura 6.1– Principais teorias por área de conhecimento

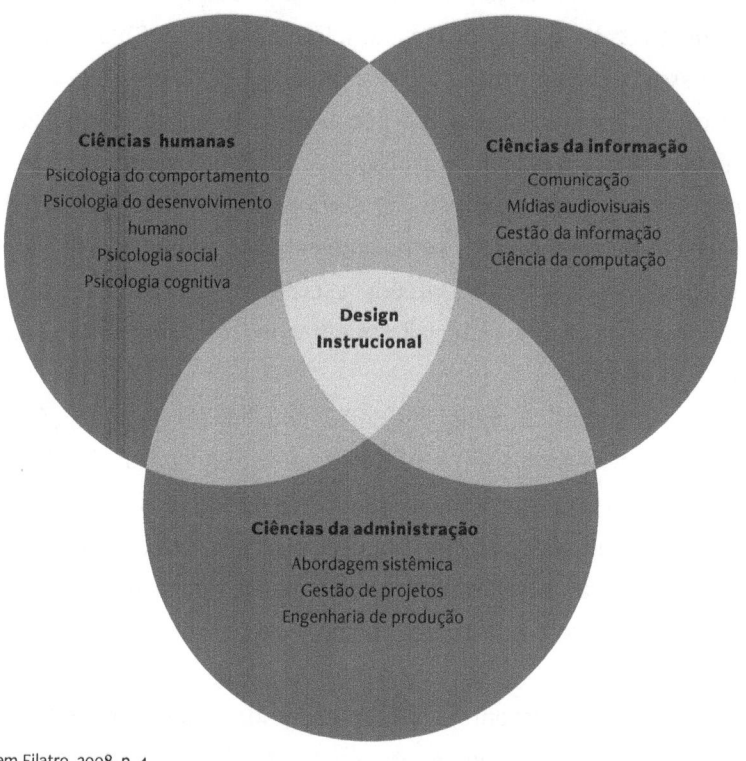

Ciências humanas
Psicologia do comportamento
Psicologia do desenvolvimento humano
Psicologia social
Psicologia cognitiva

Ciências da informação
Comunicação
Mídias audiovisuais
Gestão da informação
Ciência da computação

Design Instrucional

Ciências da administração
Abordagem sistêmica
Gestão de projetos
Engenharia de produção

Fonte: Elaborado com base em Filatro, 2008, p. 4.

Filatro (2007, p. 56) define os produtos instrucionais como uma articulação entre forma e função; subsidiados pelo *design* instrucional, eles teriam a finalidade de alcançar objetivos educacionais. Uma segunda conceituação no transcorrer do estudo dessa autora considera a relação entre instrucional e informação.

No Quadro 6.1, apresentamos o conceito de *design* instrucional conforme proposto por especialistas brasileiros e norte-americanos e, também, por uma organização não governamental e pela University of Houston, duas importantes entidades nesse campo de estudos nos Estados Unidos.

Quadro 6.1 – Conceito de *design* instrucional segundo especialistas e entidades da área

Fonte	*Design* instrucional
Filatro, 2007, p. 64-65.	"Assumimos a compreensão do *design* instrucional como: a ação intencional e sistemática de ensino que envolve o planejamento, o desenvolvimento e a utilização de métodos, técnicas, atividades, materiais, eventos e produtos educacionais em situações didáticas específicas, a fim de facilitar a aprendizagem humana a partir dos princípios de aprendizagem e instrução conhecidos."
	"O objetivo é promover a aprendizagem humana. O termo pode ser entendido como a união de dois campos de conhecimento. *Design* + instrução = atividade ligada à educação e ao *design*."
Simão Neto; Hesketh, 2009, p. 65.	"*Design* instrucional então pode ser visto simplesmente como a ponte entre o discurso pedagógico e sua materialização na forma de produtos educacionais, sejam cursos, aulas, livros, apostilas, cartazes, apresentações auxiliadas por computador, *softwares*, práticas de laboratório ou produtos, com materialidade e durabilidade maiores (livro) ou menores (aula expositiva)."
Smith; Ragan, 2005, p. 2, tradução nossa.	"O termo *design instrucional* refere-se ao processo sistemático e reflexivo de traduzir princípios de aprendizagem e de ensino em planos para materiais instrucionais, atividades, recursos de informação e de avaliações."[1]
Instructional Design, 2016, tradução nossa.	"Processo pelo qual a instrução é aprimorada com a análise das necessidades de aprendizagem e do desenvolvimento sistemático de materiais didáticos. Os *designers* instrucionais geralmente utilizam tecnologia e multimídia como ferramentas para desenvolver propostas instrucionais."[2]
University of Houston, 2016, tradução nossa.	"O *design* instrucional é um processo sistemático para desenvolver instruções usando teorias de aprendizagem e instrucionais, para assegurar a qualidade do ensino. O processo compreende a análise das necessidades de aprendizagem e das metas, o desenvolvimento de materiais e de atividades instrucionais para ajudar os estudantes a alcançar os objetivos e a avaliação da instrução e das atividades do aluno para compreender seu impacto na aprendizagem."[3]

[1] No original: "Instructional design refers to the systematic and reflective process of translating principles of learning and instruction plans for instructional materials, activities, information resources, and evaluation."

[2] No original: "The process by which instruction is improved through the analysis of learning needs and systematic development of learning materials. Instructional designers often use technology and multimedia as tools to enhance instruction".

[3] No original: "Instructional design is the systematic process of developing instructions using learning and instructional theories to ensure the quality of instruction. The process encompasses the analysis of learning needs and goals, the development of instructional materials and activities to help students meet the goals, and the evaluation of the instruction and learner activities to understand their impact on learning."

Essas definições podem contribuir para o entendimento do *design* instrucional em relação a um quadro de referência conceitual e às teorias de aprendizagem, que vão depender das propostas apresentadas pelo planejamento do programa, do curso e das atividades.

A maior parte dos modelos de desenvolvimento[4] do *design* instrucional contempla as seguintes etapas: análise do público-alvo, contexto (metas), objetivos, estratégias e ferramentas de avaliação, produção do material instrucional, avaliação do aluno e do material instrucional. Filatro (2007) opta por uma revisão e atualização do modelo genérico ADDIE[5] com as etapas: análise, *design*, desenvolvimento, implementação e avaliação. O modelo ADDIE adota como metodologia uma avaliação formativa que prevê a revisão dos resultados por etapa (avaliação dos objetivos, adoção de procedimentos ou métodos de avaliação, coleta e análise de dados, revisão). Isto é, pode ser adotado para um processo de *design* instrucional contextualizado, quando as operações ocorrem recursivamente.

Na Figura 6.2, apresentamos um diagrama do modelo ADDIE, com a sequência das etapas e as combinações necessárias conforme o desenvolvimento. As etapas ocorrem interconectadas ao longo de todo o processo.

---

[4] Um modelo de desenvolvimento aplicado ao *design* instrucional, em geral, refere-se ao processo utilizado para preparar e planejar o ensino. Exemplos de modelos: ADDIE, ASSURE (Heinich et al., 1999).

[5] ADDIE, acrônimo dos termos em inglês que se referem às fases de desenvolvimento genéricas: *analysis, design, development, implementation, evaluation* (análise, *design*, desenvolvimento, implementação, avaliação) (Heinich et al., 1999).

Figura 6.2 – Etapas do modelo genérico ADDIE

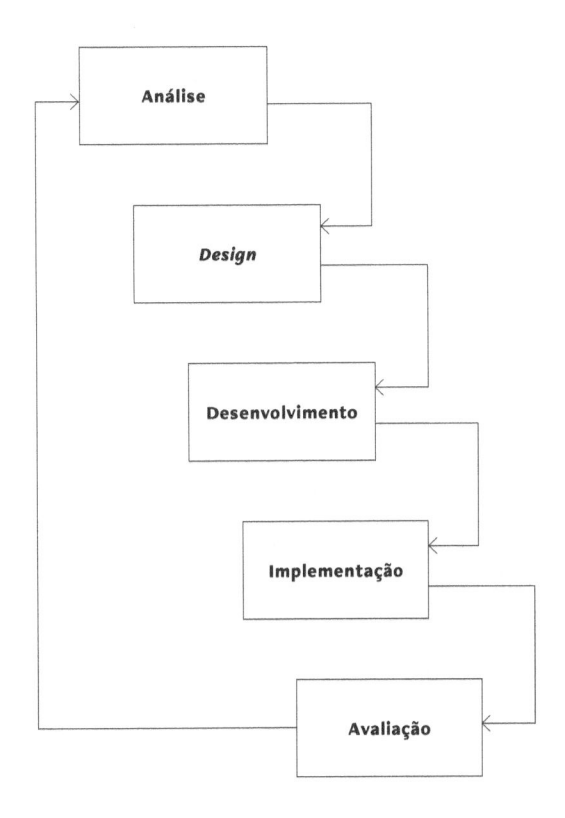

```
Análise
  ↓
Design
  ↓
Desenvolvimento
  ↓
Implementação
  ↓
Avaliação
```

Fonte: Elaborado com base em Heinich et al., 1999.

Tendo isso em conta, Filatro (2007, p. 115) defende a proposta de um *design* instrucional contextualizado: "Na base do modelo está a compreensão de que levar em consideração o contexto de uso é muito mais do que adicionar novos passos ao modelo tradicional de *design* instrucional, com suas fases de análise, *design* e desenvolvimento, implementação e avaliação".

A revisão do projeto permite alterações, modificações e novas proposições. A cada etapa corresponderá um conjunto de documentação; assim, será importante a manutenção de um memorial dos procedimentos, por exemplo, para a produção de um manual do usuário ou documentação de projeto da empresa. As etapas devem ocorrer recursivamente, ao longo do desenvolvimento do processo, recomenda Filatro (2007, p. 116).

Existem mais de cem diferentes modelos de desenvolvimento que podem ser aplicados ao *design* instrucional. A maioria desses recursos é baseada no modelo genérico ADDIE. Outros modelos conhecidos são: modelo de Dick e Carey[6], R2D2[7], I CARE[8], ASSURE[9]. Esses tipos de modelo se dividem prioritariamente em três componentes: análise, estratégia de desenvolvimento e avaliação (Chen, 2008).

A escolha de uma das metodologias ou modelos de *design* instrucional depende de uma série de variáveis, da familiaridade da equipe com seu uso, do tipo ou da modalidade de ensino, do público-alvo, da mídia a ser desenvolvida etc. Comenta Filatro (2007, p. 70-71) que o *design* instrucional, em geral, também pode fracassar "principalmente por causa dos problemas de implementação, que desconhecem aspectos físicos, organizacionais e culturais do ambiente no qual o *design* instrucional está sendo implementado".

Em seguida, observe o Quadro 6.2, que contém uma explicação sobre as etapas e subdivisões de desenvolvimento para o modelo ADDIE. Repare em cada uma das etapas, em sua descrição e nos resultados esperados. A relação entre as etapas e os documentos permite organizar o fluxo do desenvolvimento do material didático, bem como avaliar os resultados e manter uma memória do projeto para prováveis atualizações.

---

6 Professores da Escola de Educação (Florida State University, Estados Unidos), Walt Dick e Lou Carey, publicaram o método no livro *The Systematic Design of Instruction*, em 1976.

7 R2D2 (*Recursive Reflective Design and Development*), desenvolvido por Jerry Willis, em 1995.

8 I CARE, acrônimo para os termos em inglês *introduction, connect, apply, reflect, extend* (introdução, conexão, aplicação, reflexão, extensão) referentes ao sistema desenvolvido pelo Institute of Education Sciences (Estados Unidos).

9 ASSURE, acrônimo para a seguinte sequência de expressões em inglês, referentes ao sistema desenvolvido por Heinich et al. (1999): *analyze learners; state objectives; select instructional methods, media and materials; utilize media and materials; require learner participation; evaluate and revise* (análise dos aprendizes; estado dos objetivos; seleção de métodos instrucionais, mídia e materiais; mídia e materiais adotados; participação necessária dos aprendizes; avaliação e revisão).

Quadro 6.2 – Fases do modelo ADDIE

Projeto		
Título		
Item / **Etapas**	**Descrição**	**Resultados**
1 ANÁLISE		
1.1 Levantamento	Descrição, aspectos gerais, informações etc.	Pré-projeto (versão preliminar)
1.2 Metas de aprendizagem	Definir e relacionar com as expectativas de aprendizagem	Pré-projeto (versão preliminar)
1.3 Público-alvo	Levantamento e definição de pré-requisitos	Pré-projeto (versão preliminar)
1.4 Restrições	Levantamento preliminar e possibilidades de atendimento diferencial	Documentação
1.5 Custos	Levantamento preliminar	Planilhas orçamentárias (versão preliminar) (incluídas no pré-projeto)
2 *DESIGN*		
2.1 Objetivos da aprendizagem	Objetivos da aprendizagem em cada etapa, inicial e final	Pré-projeto
2.2 Metodologias e estratégias de ensino e aprendizagem	Definir as metodologias e estratégias	Pré-projeto
2.3 Métodos de avaliação	Avaliação (testes, múltipla escolha, questionários, portfólios, pesquisas, trabalhos etc.)	Pré-projeto

(continua)

(Quadro 6.2 – continuação)

Item	Etapas	Descrição	Resultados
2.4	Conteúdo e demais instrumentos	Elaborar conteúdo, atividades, percursos e demais instrumentos	Pré-projeto
2.5	Sequência	Tarefas de ensino-aprendizagem (etapas, módulos, combinação, aulas etc.)	Pré-projeto
2.6	Recursos de apoio	Sala de aula, material impresso, mídias eletrônicas e uso do computador, audiovisuais, internet, correio eletrônico, *chat*, fórum etc.	Pré-projeto
2.7	Estimativa de custos	Custos (editoração, gráfica, autoração multimídia, programação etc.)	Planilhas orçamentárias (incluídas no pré-projeto)
3	DESENVOLVIMENTO		Projeto
3.1	Desenvolvimento do projeto		Projeto
3.2	Seleção de mídias	Opção pelas mídias e combinação de recursos	Projeto
3.3	Validação do projeto	Realização de testes, validação	Projeto (Executivo)
4	IMPLEMENTAÇÃO		Projeto (Executivo)
4.1	Implementação	Ambientação	Projeto (Executivo)
4.2	Implementação e gerenciamento	Realização da proposta, acompanhamento	Projeto (Executivo)

(continua)

(Quadro 6.2 – conclusão)

Item	Etapas	Descrição	Resultados
5	AVALIAÇÃO		Projeto (Versão 2)
5.1	Avaliação e revisão do projeto	Revisão e avaliação formativa	Projeto (Versão 2)

Fonte: Elaborado com base em Heinich et al., 1999.

6.2 Propostas de material didático: Por quê? Para quem? Como?

O tipo de material didático a ser desenvolvido depende das modalidades de ensino, das condições de oferta e finalidades do curso, da proposta pedagógica, do rol de disciplinas, da duração e da carga horária, do público-alvo, da combinação possível das tecnologias etc.

Na educação formal, cada vez mais se oferecem coleções de material didático, impresso e digital, tanto para docentes quanto para discentes. A formulação de uma coleção didática deve incluir material diversificado e, também, prever como atender às expectativas do professor em sala de aula e às necessidades do aluno em suas atividades escolares e domiciliares.

Desde 2004, o Programa Nacional do Livro Didático (PNLD) oferece aos educadores um guia para avaliação do material didático a ser adotado na educação básica. O Ministério da Educação (MEC) tem ampliado essa política pública de distribuição de livros didáticos a cada edição e, em 2015, as coleções já incluíam livros impressos e livros digitais (obra multimídia), a critério das seleções dos educadores (Brasil, 2014b).

O crescimento da demanda e a ampliação da oferta de livros didáticos pelas editoras conveniadas ao MEC e também por editoras independentes que atuam no mercado brasileiro permitem o acesso a uma variada gama de produtos didáticos.

Essa disponibilidade também possibilita ao educador analisar, selecionar, modificar e reaproveitar, com menor custo, grande variedade de material didático e, em geral, com menor prazo de produção. No entanto, muitas vezes, apenas o desenvolvimento de novos materiais poderá atender de maneira objetiva às expectativas e especificidades dos novos cursos.

6.3 Avaliação: conteúdo, público e contexto

Na produção de material didático impresso para a educação formal, em geral, parte-se da análise do projeto pedagógico do curso, do currículo ou do rol de conteúdos. A equipe pode usar o currículo ou outro documento equivalente para planejar um cronograma da distribuição do conteúdo de acordo com a duração do curso, do programa ou das unidades letivas (bimestre, semestre, quadrimestre, anual etc.).

Essa documentação permite ao autor ou profissional responsável pela produção do conteúdo realizar uma primeira versão do material. Em seguida, o arquivo é revisado e devolvido ao autor, tantas vezes quanto necessário, até atingir-se o resultado adequado. Por fim, o arquivo finalizado pode ser encaminhado à diagramação. A equipe de *designers* e ilustradores tem a incumbência de desenvolver uma proposta de *layout* e, depois, discutir os resultados em conjunto com o grupo de colaboradores.

No contexto das políticas públicas para a leitura, o MEC, com a criação da Secretaria de Educação Continuada, Alfabetização e Diversidade (Secad), procura incentivar a educação de grupos tradicionalmente excluídos de seus direitos, com 15 anos de idade ou mais e que ainda não estão plenamente alfabetizados ou não completaram o ensino fundamental.

A Secad apresentou em 2007 uma coleção sobre o tema *trabalho*, denominada *Cadernos de EJA: materiais pedagógicos para o 1º e o 2º segmentos do ensino fundamental de jovens e adultos*. Com essa proposta, pretendia-se atender o público específico da educação de jovens e adultos (EJA), oferecendo-se material de qualidade, com valorização e respeito pelas experiências e conhecimentos dos alunos dessa etapa de ensino. Além disso, buscava-se ampliar o uso do material didático em sala de aula, com a inclusão de outros recursos selecionados pelo educador, bem como incentivar a articulação e a integração das diversas áreas de conhecimento.

> A coleção é composta de 27 cadernos: 13 para o aluno, 13 para o professor e um com a concepção metodológica e pedagógica do material. O caderno do aluno é uma coletânea de textos de diferentes gêneros e diversas fontes; o do professor é um catálogo de atividades, com sugestões para o trabalho com esses textos. (Mazzeu; Demarco; Kalil, 2007, p. 1)

No que diz respeito à composição do material didático impresso, a estrutura da página auxilia e facilita a manutenção de uma identidade entre as disciplinas e a coleção resultante. O *layout* das páginas dos cadernos da coleção citada adota uma comunicação visual simples, com áreas de cor e ícones. A distribuição do texto é realizada em duas colunas, com alinhamento justificado e destaque para os títulos e o sequenciamento do conteúdo. O caderno do professor segue a mesma orientação, com áreas de cor que destacam os tópicos do assunto, estabelecem correlação com os textos do caderno do aluno, indicam os objetivos, a metodologia e as orientações pedagógicas, fornecem informações sobre os materiais e a duração das atividades e sugerem ampliação do assunto com indicações de referências, livros e filmes, entre outros exemplos.

Atualmente, a Secad mantém um conjunto de coleções dedicadas à EJA distribuídas por temas, com volumes dirigidos aos educadores e, conforme a proposta da coleção, incluindo o caderno do professor e o caderno do aluno. No mercado editorial brasileiro, é comum a tendência de produzir-se material didático diversificado em coleções e séries, subdividido em cadernos para professores, alunos e coordenadores de cada etapa da escolarização e, também, apresentado em várias mídias complementares.

Contudo, não existe consenso quanto ao uso de metodologias de produção entre autores, revisores, designers, equipes técnicas e de produção. À medida que se realizam os processos e se finalizam os produtos, recomenda-se uma revisão da documentação[10]. As metodologias podem ser estabelecidas e validadas ou não no final do projeto; porém, sempre será necessário rever e atualizar os métodos para os novos produtos, em virtude de mudanças na equipe ou na tecnologia e, até mesmo, de alterações na legislação educacional.

---

10 Os documentos permitem rever, avaliar e sugerir mudanças em qualquer uma das etapas de desenvolvimento do trabalho (ver Quadro 6.2). A abordagem documental fundamenta os outros tipos de criação, funciona como um apanhado de ideias que ajuda a nortear a proposta e serve de memória para futuros trabalhos.

Síntese

Neste capítulo, vimos que o desenvolvimento do material educativo precisa seguir orientações técnicas, de criação e de conteúdo, sendo que muitos modelos já foram investigados e testados. No entanto, nos dias de hoje, é importante considerar os efeitos das transformações advindas dos diferentes recursos tecnológicos e das novas tecnologias sobre essas etapas de trabalho, além da contribuição dos profissionais de várias áreas, tais como design, editoração, informática e audiovisual.

Por outro lado, observamos que o conceito de design instrucional já implica o trabalho de equipes multidisciplinares e preconiza o uso de etapas recursivas, entre a elaboração de custos, a preparação de cronogramas e a realização de testes para a criação de produtos educativos. A ideia é incentivar processos e desenvolver metodologias próprias de acordo com os propósitos de cada equipe e a finalidade, tendo em vista melhorar os ciclos de produção e os resultados.

Indicações culturais

AMANDA, M. Design instrucional. **Clichê**, Curitiba, 19 ago. 2013. Disponível em: <http://acervo.novaescola.org.br/blogs/eja/>. Acesso em: 7 dez. 2016.

A *Revista Clichê* é uma publicação *on-line* idealizada por estudantes do curso de *Design* da Universidade Tecnológica Federal do Paraná (UTFPR) com o objetivo de difundir a produção acadêmica da área, focando os seguintes temas: historicidade, comunicação e colaboração. O *link* indicado apresenta uma matéria sobre *design* instrucional, com exemplificações aplicadas pelo *design* de informação a instruções visuais (manuais) sobre usos de equipamentos.

EJA – Educação de Jovens e Adultos. **Nova Escola**. Disponível em: <http://revistaescola.abril.com.br/eja/>. Acesso em: 21 abr. 2016.

A revista *Nova Escola on-line* selecionou alguns temas registrados em vídeos, reportagens e planos de aula sobre a EJA: evasão, de volta à escola, livros de leitura que agradam todas as idades e outros.

Atividades de autoavaliação

1. Selecione a alternativa que apresenta uma ideia de *design* instrucional aplicado ao material didático:
   a) No desenvolvimento de uma proposta de material didático, se um meio de comunicação se associa a um processo educacional para comunicar uma mensagem e facilitar a aprendizagem ou tornar-se instrucional, o resultado pode ser caracterizado como material ou mídia instrucional.
   b) Em uma proposta de material didático, conforme o roteiro de produção, é necessário preparar um cronograma de atividades e, em seguida, um relatório de custos para o desenvolvimento do suporte ou da mídia.
   c) No desenvolvimento de uma proposta de material didático, é utilizado um *software* para gerenciar os centros de custos: equipe de conteúdo, *designers*, fotógrafos, editores, programadores e responsáveis pelo controle de direitos autorais.
   d) No desenvolvimento de uma proposta de material didático, pode-se optar por um canal de comunicação que esteja em sintonia com um processo educacional, com a intenção de diminuir os custos do produto; nesse caso, a avaliação dos recursos disponíveis e gratuitos deve ser realizada com antecedência.

2. Selecione a alternativa que contém as principais fases do *design* instrucional aplicado ao material didático:
   a) As principais fases desse tipo de desenvolvimento estão divididas em: levantamento inicial, análise de custos, desenvolvimento das etapas, testes e revisão do processo.
   b) O *design* instrucional pode contemplar um conjunto interdependente de fases: primeira, segunda e terceira etapas, última etapa de testes e revisão das etapas anteriores.
   c) O *design* instrucional pode ser comparado ao desenvolvimento de um produto com base em um conjunto interdependente de fases, tais como: análise do perfil e da *performance* dos aprendizes, contexto e *design* de objetivos, estratégias e ferramentas de avaliação e produção de material instrucional.
   d) O *design* instrucional de um produto pode ser realizado com base em um conjunto independente de fases: levantamento das necessidades, análise do produto, aplicação de questionários ao público-alvo, compilação e análise de dados, desenvolvimento e aplicação das ferramentas, testes e revisão das fases.

3. Quais profissionais podem integrar uma equipe de *design* instrucional aplicado ao material didático?
   a) Integram a equipe: roteiristas, cenografistas, operadores de câmera, *experts* em conteúdo, *designers*, desenhistas, ilustradores, fotógrafos e programadores.
   b) Os profissionais vão ser contratados de acordo com o planejamento do material didático. Podem ser: *experts* em conteúdo, pedagogos, educadores sociais, fotógrafos e editores de vídeo.
   c) Os profissionais devem ser qualificados nas áreas de informática, pedagogia e comunicação social.
   d) São diferentes profissionais, entre os quais destacamos: gerente de projeto, *designers* instrucionais, *experts* em conteúdo, escritores, roteiristas, editores, desenvolvedores, equipe de programadores e de testes, especialistas em vídeo, engenheiros de som, artistas gráficos, diretores de arte etc.

4. Identifique a alternativa que apresenta as etapas dos modelos mais utilizados no *design* instrucional:
   a) Em geral, são contempladas as seguintes etapas: análise do público-alvo; contexto (metas); objetivos; estratégias e ferramentas de avaliação; produção do material instrucional; avaliação do aluno e do material instrucional.
   b) As etapas do modelo mais conhecido são: levantamento inicial; aplicação de questionários; desenvolvimento de ferramentas; análise dos dados; desenvolvimento do produto.
   c) A lista das etapas é variável e depende da modalidade de educação e do público-alvo.
   d) Em geral, são contempladas as seguintes etapas: análise do produto; levantamento da demanda; aplicação de questionários; consolidação dos dados; desenvolvimento do produto; testes finais.

5. Segundo Filatro (2007), qual é o modelo recomendado para o *design* instrucional?
   a) A autora destaca os modelos mais simples, que contenham etapas recursivas e interdependentes.
   b) A autora opta por uma revisão e atualização do modelo genérico ADDIE, com as seguintes etapas: análise, *design*, desenvolvimento, implementação e avaliação.
   c) A autora indica o uso de modelos simplificados, pelo fato de defender ciclos de desenvolvimento curtos e econômicos.
   d) A autora orienta a escolha de modelos renovados, como AVA, que contêm as etapas de avaliação, validação e atualização.

Atividades de aprendizagem

Questões para reflexão

1. Selecione um exemplo de material didático ou educativo (fôlder educativo, caderno do professor ou do aluno etc.). Aplique a etapa de análise (item "levantamento") do modelo ADDIE ao material didático: descreva o material, os aspectos gerais e os relacionados à materialidade e ao conteúdo. Acrescente outras informações que julgar necessárias e comente suas conclusões com seus colegas.

2. Em uma segunda etapa, realize um levantamento sobre o público-alvo definido para o material didático. Identifique a faixa etária e o nível de escolarização. Pesquise informações sobre o currículo escolar e, se possível, analise a pertinência do conteúdo. Depois, elabore um breve resumo expondo seu levantamento e compartilhe-o com seus colegas.

Atividade aplicada: prática

Desenhe um esquema das fases do modelo ADDIE. Em seguida, identifique cada uma das etapas desse modelo.

Considerações finais

Este texto foi desenvolvido com o objetivo de apresentar, resumidamente, uma experiência prática na elaboração de material didático, com ênfase nos aspectos históricos, em conceitos, esquemas de classificação e na multiplicidade de recursos. O assunto é complexo, e a constituição deste recorte foi proposta com base em um arrazoado de diferentes temas, tais como: mediação, mercado, atuação profissional e aspectos do *design* instrucional.

Entre as várias seções, destacamos as informações selecionadas para compor os itens "Indicações culturais", sugeridas com a intenção de oferecer ao leitor uma diversidade de opiniões e fontes de consulta.

Este livro combina elementos indispensáveis para uma reflexão crítica sobre o desenvolvimento dos recursos educacionais e sobre as implicações de um conjunto de políticas públicas no setor. Nesse contexto histórico, desde a década de 1990 até os dias atuais, destacamos a pertinência e a importância das mudanças tecnológicas, responsáveis por diferentes impactos no desenvolvimento dessa cadeia produtiva. No entanto, vale ressaltar que as questões de produção, distribuição e recepção demandam análises mais detalhadas, muito além do escopo desta publicação.

Também foi objeto de nossa preocupação o interesse pelos processos de criação do material didático. Cremos que, ao longo desta obra, conseguimos descrever as etapas necessárias para essa criação e seu desenvolvimento.

Esperamos que este texto tenha contribuído para seus estudos sobre a evolução e a transformação da produção de materiais didáticos.

Referências

ABBAD, G. da S. Educação a distância: o estado da arte e o futuro necessário. **Revista do Serviço Público**, Brasília, v. 58, n. 3, p. 351-374, jul./set. 2007. Disponível em: <http://seer.enap.gov.br/index.php/RSP/article/view/178/183>. Acesso em: 7 dez. 2016.

ABRALE – Associação Brasileira dos Autores de Livros Educativos. **Propostas da Abrale para a melhoria da qualidade do livro didático**. Disponível em: <http://www.abrale.com.br/?page_id=837>. Acesso em: 7 dez. 2016.

ACESSASP – Programa Acessa São Paulo. **Cadernos eletrônicos 3**: planilha eletrônica e gráficos. São Paulo: Lidec/USP; Imprensa Oficial, 2006a. Disponível em: <http://www.acessasp.sp.gov.br/cadernos/caderno_03_glossario.php>. Acesso em: 7 dez. 2016.

ACESSASP – Programa Acessa São Paulo. **Cadernos eletrônicos 5**: publicação de conteúdo na internet. São Paulo: Lidec/USP; Imprensa Oficial, 2006b. Disponível em: <http://www.acessasp.sp.gov.br/cadernos/caderno_05_01.php>. Acesso em: 7 dez. 2016.

ACESSASP – Programa Acessa São Paulo. **Cadernos eletrônicos 8**: navegação segura. São Paulo: Lidec/USP; Imprensa Oficial, 2006c. Disponível em: <http://www.acessasp.sp.gov.br/cadernos/caderno_08_01.php>. Acesso em: 7 dez. 2016.

ACESSASP – Programa Acessa São Paulo. **Cadernos eletrônicos 9**: multimídia – vídeo e áudio no computador. São Paulo: Lidec/USP; Imprensa Oficial, 2006d. Disponível em: <http://www.acessasp.sp.gov.br/cadernos/caderno_09_01.php>. Acesso em: 7 dez. 2016.

ALLARD, M.; LANDRY, A. O estado da arte da pesquisa sobre educação museal no Canadá. In: MARANDINO, M.; ALMEIDA, A. M.; VALENTE, M. E. A. (Org.). **Museu**: lugar do público. Rio de Janeiro: Ed. da Fiocruz/Fapesp, 2009. p. 15-26.

ALMEIDA, A. M. O contexto do visitante na experiência museal: semelhanças e diferenças entre museus de ciência e de arte. **História, Ciências, Saúde — Manguinhos**, Rio de Janeiro, v. 12 (suplemento), p. 31-53, 2005. Disponível em: <http://www.scielo.br/scielo.php?script=sci_arttext&pid=S0104-59702005000400003&lng=en&nrm=iso>. Acesso em: 7 dez. 2016.

ANDRÉ, C. F. (Org.). **Guia de tecnologias educacionais 2008**. Brasília: MEC/SEB, 2009a. Disponível em: <http://portal.mec.gov.br/index.php?option=com_docman&view=download&alias=660-guias-2008-17-abril&Itemid=30192>. Acesso em: 7 dez. 2016.

ANDRÉ, C. F. **Guia de tecnologias educacionais 2009**. Brasília: MEC/SEB, 2009b. Disponível em: <http://portal.mec.gov.br/dmdocuments/guia_tecnologias_atual.pdf>. Acesso em: 7 dez. 2016.

BANDEIRA, D. Ação educativa e mediação: questões de investigação. **Art&Sensorium: Revista Interdisciplinar Internacional de Artes Visuais**, Curitiba, v. 1, n. 1, p. 172-182, 2014. Disponível em: <http://periodicos.unespar.edu.br/index.php/sensorium/article/view/189/203>. Acesso em: 7 dez. 2016.

BANDEIRA, D. **Materiais didáticos**. Curitiba: Iesde, 2009.

BARRETO, C. C. et al. **Planejamento e elaboração de material didático impresso para educação a distância**. Rio de Janeiro: Fundação Cecierj, 2007.

BARRETO, J. S. Desafios e avanços na recuperação automática da informação audiovisual. **Ciência da Informação**, v. 36, n. 3, p. 17-28, 2007. Disponível em: <http://basessibi.c3sl.ufpr.br/brapci/index.php/article/view/0000005133/9f338d8a0de8655a2cf205ce9206c297>. Acesso em: 7 dez. 2016.

BARROS, E. de S. A nova edição: impacto das novas tecnologias e perspectivas. In: EARP, F. S.; KORNIS, G. **A economia da cadeia produtiva do livro**. Rio de Janeiro: BNDES, 2005. p. 129-166.

BATISTA, A. A. G. **Recomendações para uma política pública de livros didáticos**. Brasília: MEC/SEF, 2001.

BENJAMIN, W. A obra de arte na época de sua reprodutibilidade técnica. In: LIMA, L. C. (Org.). **Teoria da cultura de massa**. São Paulo: Paz e Terra, 2000. p. 221-254.

BENJAMIN, W. **A origem do drama barroco alemão**. São Paulo: Brasiliense, 1984.

BIZERRA, A. F. **Atividade de aprendizagem em museus de ciências**. 274 f. Tese (Doutorado em Educação) – Universidade de São Paulo, São Paulo, 2009.

BOURDIEU, P. Os museus e seus públicos. In: GENEVIÈVE, G.; POIRRIER, P. (Org.). **Cultura e estado**: a política cultural na França – 1955-2005. São Paulo: Iluminuras; Itaú Cultural, 2012. p. 57-60.

BOURDIEU, P.; DARBEL, A. **O amor pela arte**: os museus de arte na Europa e seu público. São Paulo: Ed. da USP; Porto Alegre: Zouk, 2007.

BRASIL. Decreto n. 5.622, de 19 de dezembro de 2005. **Diário Oficial da União**, Poder Executivo, Brasília, DF, 20 dez. 2005. Disponível em: <http://portal.mec.gov.br/seed/arquivos/pdf/dec_5622.pdf>. Acesso em: 7 dez. 2016.

BRASIL. Decreto n. 7.084, de 27 de janeiro de 2010. **Diário Oficial da União**, Poder Executivo, Brasília, DF, 27 jan. 2010. Disponível em: <http://www.planalto.gov.br/ccivil_03/_Ato2007-2010/2010/Decreto/D7084.htm>. Acesso em: 7 dez. 2016.

BRASIL. Ministério da Cultura. Instituto Brasileiro de Museus. PNEM – Programa Nacional de Educação Museal. **Plataforma de diálogo para a construção de um programa de educação museal**. Brasília, 2014b. Disponível em: <http://pnem.museus.gov.br/wp-content/uploads/2014/01/DOCUMENTO-PRELIMINAR1.pdf>. Acesso em: 7 dez. 2016.

BRASIL. Ministério da Educação e do Desporto. Gabinete do Ministro. Portaria n. 584, de 28 de abril de 1997. **Diário Oficial da União**, Brasília, DF, 29 abr. 1997. Disponível em: <http://www.abrelivros.org.br/home/index.php/pnbe/5334-portaria-n.%C2%BA-584-de-28-de-abril-de-1997>. Acesso em: 7 dez. 2016.

BRASIL. Ministério da Educação. Fundo Nacional de Desenvolvimento da Educação. Conselho Deliberativo. Resolução n. 7, de 20 de março de 2009. **Diário Oficial da União**, Brasília, DF, 23 mar. 2009. Disponível em: <https://www.fnde.gov.br/fndelegis/action/UrlPublicasAction.php?acao=abrirAtoPublico&sgl_tipo=RES&num_ato=00000007&seq_ato=000&vlr_ano=2009&sgl_orgao=CD/FNDE/MEC>. Acesso em: 7 dez. 2016

BRASIL. Ministério da Educação. Secretaria de Educação a Distância. **Referenciais de Qualidade para Educação Superior a Distância**. Brasília, 2007. Disponível em: <http://portal.mec.gov.br/seed/arquivos/pdf/legislacao/refead1.pdf>. Acesso em: 7 dez. 2016.

BRASIL. Ministério da Educação. Secretaria de Educação Básica. Coordenação Geral de Tecnologia para Educação (Org.). **Guia de tecnologias educacionais 2011/2012**. Brasília, 2011. Disponível em: <http://portal.mec.gov.br/index.php?option=com_docman&view=download&alias=9909-guias-tecnologias-2011-12&category_slug=fevereiro-2012-pdf&Itemid=30192>. Acesso em: 7 dez. 2016.

BRASIL. Ministério da Educação. Secretaria de Educação Básica. Fundo Nacional de Desenvolvimento da Educação. **Guia de livros didáticos**: PNLD 2015. Apresentação: ensino médio. Brasília, 2014b.

BRASIL. Ministério da Educação. Secretaria de Educação Continuada, Alfabetização, Diversidade e Inclusão. **Relatório de gestão**: exercício 2013. Brasília, 2014c. Disponível em: <http://portal.mec.gov.br/index.php?option=com_docman&view=download&alias=15993-relatorio-gestao-exercicio-2013-secadi-pdf&Itemid=30192>. Acesso em: 7 dez. 2016.

CABRAL, M. Avaliação das ações educativas em museus brasileiros. In: NARDI, E. (Ed.). **Thinking, evaluating, re-thinking**. Roma: Edizioni Franco Angeli, 2007.

CARVALHO, A. A. A. (Org.). **Manual de ferramentas da Web 2.0 para professores**. Lisboa: ME/DGIDC, 2008.

CARVALHO, J. B. P. de. Impressos e outros materiais didáticos em sala de aula. In: CARVALHO, M. A. F. de; MENDONÇA, R. H. (Org.). **Práticas de leitura e escrita**. Brasília: MEC, 2006. p. 170-173. Disponível em: <http://portal.mec.gov.br/seed/arquivos/pdf/tvescola/grades/salto_ple.pdf>. Acesso em: 7 dez. 2016.

CASTELLS, M. **A sociedade em rede**. São Paulo: Paz e Terra, 2000. v. 1.

CAUNE, J. As relações entre cultura e comunicação: núcleo epistêmico e forma simbólica. **Libero**, São Paulo, v. 11, n. 22, p. 33-42, 2008. Disponível em: <http://www.revistas.univerciencia.org/index.php/libero/article/view/6082/5545>. Acesso em: 7 dez. 2016.

CAUNE, J. **Cultura e comunicação**: convergências teóricas e lugares de mediação. São Paulo: Ed. da Unesp, 2014.

CAUQUELIN, A. **Arte contemporânea**: uma introdução. São Paulo: M. Fontes, 2005.

CAZELLI, S.; MARANDINO, M.; STUDART, D. Educação e comunicação em museus de ciências: aspectos históricos, pesquisa e prática. In: GOUVÊA, G.; MARANDINO, M.; LEAL, M. C. (Org.). **Educação e museu**: a construção social do caráter educativo dos museus de ciências. Rio de Janeiro: Access/Faperj, 2003. p. 83-106.

CHARTIER, R. **A ordem dos livros**: leitores, autores e bibliotecas na Europa entre os séculos XIV e XVIII. Brasília: Ed. da UnB, 1998.

CHARTIER, R. O destino da leitura. **Revista Educação**, n. 211, 4 nov. 2014. Entrevista. Disponível em: <http://revistaeducacao.com.br/o-destino-da-leitura2/>. Acesso em: 7 dez. 2016.

CHARTIER, R. **Os desafios da escrita**. São Paulo: Ed. da Unesp, 2002.

CHARTIER, R. **Programa Memória Roda Viva**. 3 set. 2001. Entrevista. Disponível em: <http://www.rodaviva.fapesp.br/materia/423/entrevistados/roger_chartier_2001.htm>. Acesso em: 7 dez. 2016.

CHARTIER, R. Roger Chartier: "Os livros resistirão às tecnologias digitais". **Nova Escola**, n. 204, ago. 2007. Entrevista. Disponível em: <http://acervo.novaescola.org.br/lingua-portuguesa/fundamentos/roger-chartier-livros-resistirao-tecnologias-digitais-610077.shtml>. Acesso em: 7 dez. 2016.

CHEN, I. Instructional Design Methodologies. In: KIDD, T. T.; SONG, H. (Org.). **Handbook of Research on Instructional Systems and Technology**. New York: IGI Global, 2008. p. 1-18. v. 1.

CHOPPIN, A. O manual escolar: uma falsa evidência histórica. **História da Educação**, Pelotas, v. 13, n. 27 p. 9-75, jan./abr. 2009. Disponível em: <http://seer.ufrgs.br/asphe/article/view/29026>. Acesso em: 7 dez. 2016.

CNPq – Conselho Nacional de Desenvolvimento Científico e Tecnológico. Diretório dos Grupos de Pesquisa no Brasil. **Grupo de Pesquisa em Mediação Cultural: Contaminações e Provocações Estéticas**. Disponível em: <http://dgp.cnpq.br/dgp/espelhogrupo/6230847572123154>. Acesso em: 7 dez. 2016.

COUCHOT, E. **A tecnologia na arte**: da fotografia à realidade virtual. Porto Alegre: Ed. da UFRGS, 2003.

COUTINHO, L. M. **Audiovisuais**: arte, técnica e linguagem. Brasília: Ed. da UnB, 2006. Disponível em: <http://portal.mec.gov.br/seb/arquivos/pdf/profunc/11_audiovisuais.pdf>. Acesso em: 7 dez. 2016.

CRUZ, S. Blogue, YouTube, Flickr e Delicious: software social. In: CARVALHO, A. A. A. (Org.). **Manual de ferramentas da Web 2.0 para professores**. Lisboa: ME/DGIDC, 2008. p. 15-40.

DAL MOLIN, B. H. et al. **Mapa referencial para construção de material didático para o programa e-Tec Brasil**. Florianópolis: UFSC, 2008.

DAVALLON, J. A mediação: a comunicação em processo? **Prisma**: Revista de Ciências e Tecnologias de Informação e Comunicação, Porto, n. 4, p. 3-36, jun. de 2007. Disponível em: <http://revistas.ua.pt/index.php/prismacom/article/download/645/pdf>. Acesso em: 7 dez. 2016.

DECAROLIS, N. Prefácio. In: DESVALLÉES, A.; MAIRESSE, F. (Ed.). **Conceitos-chave de museologia**. São Paulo: Comitê Brasileiro do Conselho Internacional de Museus; Conselho Internacional de Museus; Pinacoteca do Estado de São Paulo; Secretaria de Estado da Cultura, 2013. p. 14-16. Disponível em: <http://icom.museum/fileadmin/user_upload/pdf/Key_Concepts_of_Museology/Conceitos-ChavedeMuseologia_pt.pdf>. Acesso em: 7 dez. 2016.

DESVALLÉES, A.; MAIRESSE, F. (Ed.). **Conceitos-chave de museologia**. São Paulo: Comitê Brasileiro do Conselho Internacional de Museus; Conselho Internacional de Museus; Pinacoteca do Estado de São Paulo; Secretaria de Estado da Cultura, 2013. Disponível em: <http://icom.museum/fileadmin/user_upload/pdf/Key_Concepts_of_Museology/Conceitos-ChavedeMuseologia_pt.pdf>. Acesso em: 7 dez. 2016.

DICK, W.; CAREY, L. **The Systematic Design of Instruction**. Glenview: Scott, Foresman, 1978.

EARP, F. S.; KORNIS, G. **A economia da cadeia produtiva do livro**. Rio de Janeiro: BNDES, 2005.

EARP, F. S.; KORNIS, G. **A economia do livro**: a crise atual e uma proposta de política. Rio de Janeiro: Instituto de Economia da UFRJ, 2004. (Série Textos para Discussão).

EDMONDSON, R. et al. Nature of the AV Media. In: HARRISON, H. P. (Ed.). **Audiovisual Archives**: a Practical Reader. Paris: Unesco, 1997. p. 10-17.

EDMONDSON, R. **Uma filosofia de arquivos audiovisuais**: programa geral de informação e Unisist. Paris: Unesco, 1998.

EUROMONITOR INTERNATIONAL. Disponível em: <http://www.euromonitor.com/> Acesso em: 14 dez. 2016.

FILATRO, A. **Design instrucional contextualizado**: educação e tecnologia. São Paulo: Senac, 2007.

FILATRO, A. **Design instrucional na prática**. São Paulo: Pearson Education do Brasil, 2008.

FNDE – Fundo Nacional de Desenvolvimento da Educação. **Dados estatísticos**. PNLD. Disponível em: <http://www.fnde.gov.br/programas/livro-didatico/livro-didatico-dados-estatisticos>. Acesso em: 7 dez. 2016.

FONSECA, L. B. da. **Crescimento da indústria editorial de livros do Brasil e seus desafios**. 232 f. Dissertação (Mestrado em Administração) – Universidade Federal do Rio de Janeiro, Rio de Janeiro, 2013. Disponível em: <http://www.snel.org.br/wp-content/themes/snel/docs/pesquisa_na_integra.pdf>. Acesso em: 7 dez. 2016.

FONTES, A.; GAMA, R. (Org.). Reflexões e experiências. In: SEMINÁRIO OI FUTURO MEDIAÇÃO EM MUSEUS: ARTE E TECNOLOGIA, 1., 2012, Rio de Janeiro. **Anais**... Rio de Janeiro: Oi Futuro, Livre Expressão, 2012. Disponível em: <http://docplayer.com.br/8573634-Reflexoes-e-experiencias-organizacao-adriana-fontes-e-rita-gama.html>. Acesso em: 7 dez. 2016.

FREITAS, O. **Equipamentos e materiais didáticos**. Brasília: Ed. da UnB, 2007. Disponível em: <http://portal.mec.gov.br/seb/arquivos/pdf/profunc/equip_mat_dit.pdf> Acesso em: 8 ago. 2016.

GADOTTI, M. **A questão da educação formal/não formal**. out. 2005. Disponível em: <http://www.vdl.ufc.br/solar/aula_link/lquim/A_a_H/estrutura_pol_gest_educacional/aula_01/imagens/01/Educacao_Formal_Nao_Formal_2005.pdf>. Acesso em: 7 dez. 2016.

GAGNÉ, R. M.; BRIGGS, L.; WAGGER, W. W. **Principles of Instructional Design**. New York: Holt, Rinehart and Winston, 1974.

GARCIA, T. B. Tânia Braga Garcia (UFPR): materiais didáticos são mediadores entre professor, alunos e o conhecimento. **Portal do Professor**, ed. 56, 14 jun. 2011. Entrevista. Disponível em: <http://portaldoprofessor.mec.gov.br/noticias.html?idEdicao=59&idCategoria=8>. Acesso em: 7 dez. 2016.

GEBRAN, M. P. **Tecnologias educacionais**. Curitiba: Iesde, 2009.

GESTÃO Escolar. **A história de um livro didático**. Disponível em: <http://acervo.novaescola.org.br/swf/animacoes/exibi-animacao.shtml?gestao-livro-didatico-2.swf>. Acesso em: 7 dez. 2016.

GORIUNOVA, O.; SHULGIN, A. From Art on Networks to Art on Platforms. In: KRYSA, J. (Ed.). **Curating Immateriality**: the Work of the Curator in the Age of Network Systems. London: Autonomedia, 2006. p. 237-265. v. 3.

GOSCIOLA, V. **Roteiro para as novas mídias**: do game à TV interativa. São Paulo: Senac, 2003.

GRINSPUM, D. **Educação para o patrimônio**: museu de arte e escola – responsabilidade compartilhada na formação de públicos. 131 f. Tese (Doutorado em Educação) – Universidade de São Paulo, São Paulo, 2000.

GUERREIRO, C. Profissão: articulador escolar. **Revista Educação**, 10 set. 2011. Disponível em: <http://revistaeducacao.com.br/profissao-articulador-escolar/>. Acesso em: 7 dez. 2016.

GUTFREUND, D. (Coord.). **Caderno do professor**. 30ª Bienal. Material Educativo. São Paulo: Fundação Bienal de São Paulo, 2012.

HASLAM, A. **O livro e o designer II**: como criar e produzir livros. São Paulo: Rosari, 2007.

HEINICH, R. et al. **Instructional Technologies and Media for Learning**. New Jersey: Prentice Hall, 1999.

IBSTPI – International Board of Standards for Training, Performance, and Instruction. Domínios, competências e padrões de desempenho do Design Instrucional (DI). **Revista Brasileira de Aprendizagem Aberta e a Distância**, São Paulo, p. 1-7, ago. 2002. Disponível em: <http://www.abed.org.br/revistacientifica/Revista_PDF_Doc/2002_Dominios_Competencias_Padroes_Hermelina_Romiszowski.pdf>. Acesso em: 7 dez. 2016.

IFLA – International Federation of Library Associations and Institutions. **Guidelines for Audiovisual and Multimedia Materials in Libraries and other Institutions**. Disponível em: <http://www.ifla.org/archive/VII/s35/pubs/avm-guidelines04.pdf>. Acesso em: 7 dez. 2016.

INSTRUCTIONAL DESIGN. Disponível em: <http://www.instructionaldesign.org/>. Acesso em: 7 dez. 2016.

IPA – International Publishers Association. **Annual Report**: October 2013|October 2014. Geneva, 2014. Disponível em: <http://www.internationalpublishers.org/images/reports/2014/IPA-annual-report-2014.pdf>. Acesso em: 7 dez. 2016.

JACOB, L.; BÉLANGER, A. (Org.). L'émergence de la médiation culturelle dans les initiatives de l'Entente sur le développement culturel de Montréal. In: JACOB, L.; BÉLANGER, A. **Répertoire raisonné des activités de médiation culturelle à Montréal**: Rapport Final. Quebec, nov. 2009. Disponível em: <http://ville.montreal.qc.ca/culture/sites/ville.montreal.qc.ca.culture/files/repertoire_mediation_villemtl_dec09.pdf>. Acesso em: 7 dez. 2016.

JANUSZEWSKI, A.; MOLENDA, M. (Ed.). **Educational Technology**: a Definition with Commentary. New York: Lawrence Erlbaum Associates, 2008.

JULIÃO, L. (Coord.). **Cadernos de diretrizes museológicas 2**: mediação em museus – curadorias, exposições, ação educativa. Belo Horizonte: Secretaria de Estado de Cultura de Minas Gerais, Superintendência de Museus, 2008.

KENSKI, V. M. **Novos processos de interação e comunicação no ensino mediado pelas tecnologias**. São Paulo: Ed. da USP, 2008. (Cadernos de Pedagogia Universitária). Disponível em: <http://www.prg.usp.br/wp-content/uploads/vani_kenski_caderno_7.pdf>. Acesso em: 7 dez. 2016.

LEÃO, L. **O labirinto da hipermídia**: arquitetura e navegação no ciberespaço. São Paulo: Iluminuras; Fapesp, 2001.

LÉVY, P. **As tecnologias da inteligência**: o futuro do pensamento na era da informática. Rio de Janeiro: Ed. 34, 1993.

LÉVY, P. **Cibercultura**. São Paulo: Ed. 34, 1999.

LIESER, W. **Arte digital**: novos caminhos da arte. Colônia: H. F. Ullmann, 2009.

LYGIA CLARK. In: **Enciclopédia Itaú Cultural**. Disponível em: <http://enciclopedia.itaucultural.org.br/pessoa1694/lygia-clark>. Acesso em: 7 dez. 2016.

LYNCH, C. The Battle to Define the Future of the Book in the Digital World. **First Monday**, v. 6, n. 6, June, 2001. Disponível em: <http://firstmonday.org/ojs/index.php/fm/article/view/864/773>. Acesso em: 7 dez. 2016.

MANOVICH, L. **The Language of New Media**. Cambridge: MIT Press, 2000.

MARANDINO, M. (Org.). **Educação em museus**: a mediação em foco. São Paulo: Greenf/Feusp, 2008.

MARANDINO, M. **Por uma didática museal**: propondo bases sociológicas e epistemológicas para a análise da educação em museus. 384 f. Tese (Livre Docência em Educação) – Universidade de São Paulo, São Paulo, 2011. Disponível em: <http://www.teses.usp.br/teses/disponiveis/livredocencia/48/tde-22102014-084427/publico//MarandinoLivreDocencia.pdf>. Acesso em: 7 dez. 2016.

MARSHALL, J. M. **Learning with Technology**: Evidence that Technology Can, and Does, Support Learning. A White Paper Prepared for Cable in the Classroom. San Diego: San Diego State University, 2002. Disponível em: <https://www.dcmp.org/caai/nadh176.pdf>. Acesso em: 7 dez. 2016.

MARTINS, L. C. **A constituição da educação em museus**: o funcionamento do dispositivo pedagógico museal por meio de um estudo comparativo entre museus de artes plásticas, ciências humanas e ciência e tecnologia. 389 f. Tese (Doutorado em Educação) – Universidade de São Paulo, São Paulo, 2011. Disponível em: <http://www.teses.usp.br/teses/disponiveis/48/48134/tde-04072011-151245/publico/LUCIANA_CONRADO_MARTINS.pdf>. Acesso em: 7 dez. 2016.

MARTINS, M. C.; PICOSQUE, G. **Mediação cultural para professores andarilhos na cultura**. 2. ed. São Paulo: Intermeios, 2012.

MAZZEU, F. J. C.; DEMARCO, D. J.; KALIL, L. (Coord.) **Tecnologia e trabalho**: caderno do professor. São Paulo: Unitrabalho; Brasília: MEC/Secad, 2007. (Coleção Cadernos de EJA). Disponível em: <http://portal.mec.gov.br/secad/arquivos/pdf/12_cd_pr.pdf>. Acesso em: 7 dez. 2016.

MELLO, G. Desafios para o setor editorial brasileiro de livros na era digital. **BNDES Setorial**, Rio de Janeiro, n. 36, p. 429-473, set. 2012.

MENDES, J. A. O papel educativo dos museus: evolução histórica e tendências actuais. In: MENDES, J. A. **Estudos do património**: museus e educação. Coimbra: Imprensa da Universidade, 2009. p. 29-47.

MENEZES, P. B. (Org.). **Guia de tecnologias educacionais da educação integral e integrada e da articulação da escola com seu território 2013**. Brasília: MEC/SEB, 2013. Disponível em: <http://portal.mec.gov.br/dmdocuments/guia_tecnologias_20130923.pdf>. Acesso em: 7 dez. 2015.

MORAIS, A. G. de et al. O livro didático em sala de aula: algumas reflexões. In: BRASIL. Ministério da Educação. Secretaria de Educação Básica. **Pró-Letramento**: Programa de Formação Continuada de Professores dos Anos/Séries Iniciais do Ensino Fundamental. Alfabetização e linguagem. Brasília: MEC, 2007. Fascículo 6. Disponível em: <http://portal.mec.gov.br/arquivos/pdf/fasciculo_port.pdf>. Acesso em: 7 dez. 2016.

MORAN, J. M.; MASETTO, M. T.; BEHRENS, M. A. **Novas tecnologias e mediação pedagógica**. 3. ed. Campinas: Papirus, 2001.

MUSEUM MEDIATORS. **Europe 2012-2014**. Disponível em: <http://museummediators.eu/>. Acesso em: 7 dez. 2016.

PARRA, N.; PARRA, I. C. C. **Técnicas audiovisuais de educação**. 5. ed. São Paulo: Pioneira, 1985.

PÉREZ-ORAMAS, L. Sob a insígnia de Filóstrato. In: GUTFREUND, D. (Coord.). **Caderno do professor**. 30ª Bienal. Material Educativo. São Paulo: Fundação Bienal de São Paulo, 2012. p. 4.

RBAAD – Revista Brasileira de Aprendizagem Aberta e a Distância. **Apresentação**. Disponível em: <http://seer.abed.net.br/index.php/RBAAD>. Acesso em: 7 dez. 2016.

REIGELUTH, C. M. Instructional Theory and Technology for the New Paradigm of Education. **Revista de Educación a Distancia**, ano 11, n. 32, p. 2-18, 30 set. 2012. Disponível em: <http://www.um.es/ead/red/32/>. Acesso em: 16 abr. 2016.

REIGELUTH, C. M. The Elaboration Theory: Guidance for Scope and Sequence Decisions. In: REIGELUTH, C. M. (Ed.). **Instructional-design Theories and Models**: a New Paradigm of Instructional Theory. Mahwah: Lawrence Erlbaum, 1999. p. 425-453. v. 2.

REIGELUTH, C. M.; CARR-CHELLMAN, A. A. (Ed.). **Instructional-Design Theories and Models**: Building a Common Knowledge Base. New York: Routledge, 2009. v. 3.

REVISTA MUSEU. Disponível em: <http://www.revistamuseu.com.br>. Acesso em: 7 dez. 2016.

RIBEIRO, R. J. Ministro quer universidades federais mais engajadas no ensino básico. **Folha de S. Paulo**, 6 abr. 2015. Entrevista. Disponível em: <http://www1.folha.uol.com.br/educacao/2015/04/1612643-ministro-quer-universidades-federais-mais-engajadas-no-ensino-basico.shtml>. Acesso em: 7 dez. 2016.

ROJO, R. Materiais didáticos: escolha e uso. **Boletim TV Escola**, Salto para o Futuro, Brasília, v. 1, n. 14, p. 3-11, ago. 2005. Disponível em: <https://marcosfabionuva.files.wordpress.com/2015/02/mec-materiais-didaticos-escolha-e-uso.pdf>. Acesso em: 7 dez. 2015.

ROMISZOWSKI, A. J. Design e desenvolvimento instrucional: um modelo sistêmico em quatro níveis (ajuda de trabalho TTS). **Revista Brasileira de Aprendizagem Aberta e a Distância**, São Paulo, v. 2, abr. 2003. Disponível em: <http://www.abed.org.br/revistacientifica/Revista_PDF_Doc/2003_Design_Desenvolvimento_Instrucional_Alexander_Romiszowski.pdf>. Acesso em: 7 dez. 2016.

ROMISZOWSKI, A. J.; ROMISZOWSKI, H. P. **Dicionário de terminologia de educação a distância**. Rio de Janeiro: Fundação Roberto Marinho; Superintendência do Telecurso 2000, 1998.

ROMISZOWSKI, A. J.; ROMISZOWSKI, L. P. Retrospectiva e perspectivas do design instrucional e educação a distância: análise da literatura. **Revista Brasileira de Aprendizagem Aberta e a Distância**, v. 4, 2005. Disponível em: <http://www.abed.org.br/revistacientifica/Revista_PDF_Doc/2005_Retrospectiva_Perspectivas_Design_Instrucional_Alexander_Romiszowski_Lina_Romiszowski.pdf>. Acesso em: 7 dez. 2016.

ROMISZOWSKI, H. P. Avaliação no design e desenvolvimento de multimídia educativa: estratégia de apoio ou parte do processo? In: CONGRESSO INTERNACIONAL DE EDUCAÇÃO A DISTÂNCIA DA ASSOCIAÇÃO BRASILEIRA DE EDUCAÇÃO A DISTÂNCIA, 7., 2000, São Paulo. **Anais**... São Paulo, 2000.

ROMISZOWSKI, H. P. Avaliação no design instrucional e qualidade da educação a distância: qual a relação? **Revista Brasileira de Aprendizagem Aberta e a Distância**, São Paulo, v. 2, n. 4, fev. 2004. Disponível em: <http://www.abed.org.br/revistacientifica/Revista_PDF_Doc/2004_Avaliacao_Design_Instrucional_Qualidade_Educacao_Hermelina_Romiszowski.pdf>. Acesso em: 7 dez. 2016.

ROMISZOWSKI, H. P. Referenciais de qualidade no design instrucional. In: CONGRESSO INTERNACIONAL DE EDUCAÇÃO A DISTÂNCIA DA ASSOCIAÇÃO BRASILEIRA DE EDUCAÇÃO A DISTÂNCIA, 17, 2011, Manaus. **Anais**... Disponível em: <http://www.abed.org.br/congresso2011/cd/288.pdf>. Acesso em: 7 dez. 2016.

ROMISZOWSKI, H. P. The Validation and Evaluation of Instructional Materials. In: NOUN – National Open University of Nigeria. **International Systems Design, Development and Evaluation for Open and Distance Education**. Lagos, Nigeria, 2010.

ROOIJ, S. W. Instructional Design and Project Management: Complementary or Divergent? **Educational Technology Research and Development**, v. 59, n. 1, p. 139-158, 2011.

RUBIM, A. A. C. Políticas culturais do governo Lula/Gil: desafios e enfrentamentos. **Intercom – Revista Brasileira de Ciências da Comunicação**, São Paulo, v. 31, n. 1, p. 183-203, jan./jun. 2008.

RUSH, M. **Novas mídias na arte contemporânea**. São Paulo: M. Fontes, 2006.

SALLES, C. A. **Redes da criação**: construção da obra de arte. Vinhedo: Horizonte, 2006.

SAMPAIO, F. A. A.; CARVALHO, A. F. de. **Com a palavra, o autor**: em nossa defesa – um elogio à importância e uma crítica às limitações do Programa Nacional do Livro Didático. São Paulo: Sarandi, 2010.

SANCHEZ, F. (Coord.). **Anuário brasileiro estatístico de educação aberta e a distância**. 4. ed. São Paulo: Instituto Monitor, 2008.

SANJAD, N.; BRANDÃO, C. R. F. A exposição como processo comunicativo na política curatorial. In: MINAS GERAIS (Estado). Secretaria de Estado de Cultura. Superintendência de Museus. **Museus**: curadorias, exposições, ação educativa. Belo Horizonte, 2008. p. 27-35.

SANTAELLA, L. A ecologia pluralista das mídias locativas. **Revista Famecos**, Porto Alegre, v. 15, n. 37, p. 20-24, dez. 2008. Disponível em: <http://revistaseletronicas.pucrs.br/fale/ojs/index.php/revistafamecos/article/view/4795/3599>. Acesso em: 7 dez. 2016.

SANTAELLA, L. **Cultura e artes do pós-humano**: da cultura das mídias à cibercultura. São Paulo: Paulus, 2003a.

SANTAELLA, L. Da cultura das mídias à cibercultura: o advento do pós-humano. **Revista Famecos**, Porto Alegre, n. 22, p. 23-32, dez. 2003b. Disponível em: <http://www.revistas.univerciencia.org/index.php/famecos/article/viewFile/229/174>. Acesso em: 7 dez. 2016.

SANTAELLA, L. **Matrizes da linguagem e pensamento**: sonora, visual, verbal – aplicações na hipermídia. São Paulo: Iluminuras/Fapesp, 2005a.

SANTAELLA, L. **Por que as comunicações e as artes estão convergindo?** São Paulo: Paulus, 2005b.

SÃO PAULO (Estado). APAC – Associação Pinacoteca Arte e Cultura. Organização Social de Cultura. UGE: Unidade de Preservação do Patrimônio Museológico. **Relatório do 2º trimestre de 2013**. São Paulo, 2013. Disponível em: <http://www.pinacoteca.org.br/pinacoteca-pt/Upload/file/Relatorio/Relat%C3%83%C2%B3rio%202%C3%82%C2%BA%20Trimestre%202013.pdf>. Acesso em: 7 dez. 2016.

SEIVEWRIGHT, S. **Fundamentos de design de moda**: pesquisa e design. Porto Alegre: Bookman, 2009.

SILVA, M. A. da et al. **Projeto do curso de profissionalização dos funcionários da educação**: Profuncionários. Brasília: Cead/UnB, 2005. Disponível em: <http://portal.mec.gov.br/seb/arquivos/pdf/valtrabedu_cur.pdf>. Acesso em: 7 dez. 2016.

SIMÃO NETO, A.; HESKETH, C. G. **Didática e design instrucional**. Curitiba: Iesde, 2009.

SMITH, P. L.; RAGAN, T. **Instructional Design**. New York: John Wiley & Sons, 2005.

SPECTOR, M. J. et al. **Handbook of Research on Educational Communications and Technology**. 4. ed. New York: Springer, 2014.

TEIXEIRA COELHO, J. **A cultura e seu contrário**: cultura, arte e política pós-2001. São Paulo: Iluminuras/Itaú Cultural, 2008.

TEIXEIRA COELHO, J. **Dicionário crítico de política cultural**. São Paulo: Iluminuras, 1997.

TEIXEIRA COELHO, J. **O que é ação cultural**. São Paulo: Brasiliense, 2001.

UNESCO – Organização das Nações Unidas para a Educação, a Ciência e a Cultura. **Diretrizes para Recursos Educacionais Abertos (REA) no ensino superior**. Paris: Unesco, 2015.

UNESCO – Organização das Nações Unidas para a Educação, a Ciência e a Cultura. **Memória do mundo**: diretrizes para a salvaguarda do patrimônio documental. [S.l.]: Unesco, 2002. Disponível em: <http://www.unesco.org.uy/ci/fileadmin/comunicacion-informacion/mdm.pdf>. Acesso em: 7 dez. 2016.

UNIVERSITY OF HOUSTON. **Instructional Design & Technology**. Disponível em: <http://www.uh.edu/technology/college/technical-support/instructional-design/>. Acesso em: 7 dez. 2016.

VAN-PRÄET, M.; POUCET, B. Les musées, lieux de contre-éducation et de partenariat avec l'école. **Education et Pédagogie**, Sèvres, n. 16, p. 22-29, 1992.

ZAMBON, L. B.; TERRAZZAN, E. A. Políticas de material didático no Brasil: organização dos processos de escolha de livros didáticos em escolas públicas de educação básica. **Revista Brasileira Estudos Pedagógicos**, Brasília, v. 94, n. 237, p. 585-602, maio/ago. 2013.

Bibliografia comentada

ABREU, M. 200 anos de história do livro no país. **Jornal da Unicamp**, nov. 2011. Entrevista. Disponível em: <https://goo.gl/pRa03f>. Acesso em: 7 dez. 2016.

Em 2011, a escritora Márcia Abreu, em conjunto com Aníbal Bragança, recebeu o Prêmio Jabuti pela obra *Impresso no Brasil: dois séculos de livros brasileiros*, uma coletânea de ensaios sobre o Brasil. Em entrevista para o *Jornal da Unicamp*, ela explica o enfoque da publicação. Seus textos abordam a trajetória do livro impresso desde a chegada da Família Real, com a criação da Imprensa Régia, no Rio de Janeiro, e todas as transformações pelas quais o livro vem passando até os dias atuais. A obra da autora contempla 200 anos de história e destaca as agruras dessa produção no país antes de 1808, já que a Coroa Portuguesa exigia uma autorização para sua confecção, e os manuscritos eram impressos unicamente nas tipografias de Portugal.

ACESSASP. **Cadernos eletrônicos**. Disponível em: <http://www.acessasp.sp.gov.br/cadernos/cadernos_creditos.php>. Acesso em: 17 dez. 2016.

No portal AcessaSP estão disponíveis vários cadernos dedicados ao ensino das novas mídias. É possível consultar o sumário *on-line* sobre cada tema. As publicações têm informações pontuais e atualizadas, e as orientações dos cadernos possibilitam conhecer os assuntos ligados à área e realizar atividades práticas.

ALMEIDA, D. Orientador educacional: o mediador da escola. **Nova Escola**, n. 220, mar. 2009. Disponível em: <https://novaescola.org.br/conteudo/450/mediador-escola>. Acesso em: 7 dez. 2016.

Nessa matéria, Daniela Almeida apresenta uma ideia de mediação entre educadores, pais e estudantes, indicando o mediador como o profissional que tem a missão de administrar conflitos. O texto revela o perfil do profissional e descreve suas competências, com base na regulamentação federal.

BLOG EDUCAÇÃO. Disponível em: <http://www.blogeducacao.org.br>. Acesso em: 7 dez. 2016.

Nesse *blog*, criado em parceria com a empresa Votorantim, são publicadas informações sobre mobilizações sociais pela educação, com o intuito de contribuir para o fortalecimento do valor social da educação. Ao acessá-lo, você conhecerá o programa, os materiais didáticos disponíveis, as notícias e outras ações da plataforma.

BRASIL. Ministério da Educação. Secretaria de Educação Continuada, Alfabetização, Diversidade e Inclusão. **Materiais didáticos**. Coleção Cadernos de EJA. Brasília, 2006. Disponível em: <http://portal.mec.gov.br/pnaes/194-secretarias-112877938/secad-educacao-continuada-223369541/13536-materiais-didaticos>. Acesso em: 7 dez. 2016.

Essa coleção, publicada em 2006, é composta por 27 cadernos e reúne conteúdos fundamentais para a formação integrada e interdisciplinar. O material é fruto da contribuição de professores de várias universidades brasileiras, que para ele elaboraram textos e atividades.

BURD, L. Incentivar a criatividade é o caminho para trabalhar a tecnologia na sala de aula, afirma pesquisador do MIT. **Revista Educação**, 2 mar. 2015. Entrevista. Disponível em: <http://www.revistaeducacao.com.br/incentivar-a-criatividade-e-o-caminho-para-trabalhar-a-tecnologia-na-sala-de-aula-afirma-pesquisador-do-mit/>. Acesso em: 7 dez. 2016.

Nessa entrevista, Leo Burd defende a utilização criativa da tecnologia em sala de aula. A tecnologia já integra muitas das situações cotidianas, do uso de serviços bancários até as compras de supermercado pagos com cartão eletrônico, e, por isso, deve ser associada cada vez mais à educação.

CAMNITZER, L. Todos deveriam ser artistas. **Nova Escola**, 2008. Entrevista. Disponível em: <https://novaescola.org.br/conteudo/242/luis-camnitzer-todos-deveriam-ser-artistas>. Acesso em: 7 dez. 2016.

Vale a pena fazer a leitura dessa entrevista com o curador da 6ª Bienal Mercosul, realizada em 2008, Luis Camnitzer, que defende a curadoria pedagógica como uma prática para pensar o ensino e os desafios da arte.

CHARTIER, R. O destino da leitura. **Revista Educação**, n. 211, 4 nov. 2014. Entrevista. Disponível em: <http://www.revistaeducacao.com.br/o-destino-da-leitura-2/>. Acesso em: 7 dez. 2016.

Nessa entrevista a Justino Magalhães, Roger Chartier afirma que os livros impressos resistirão ao domínio das tecnologias digitais. O especialista em história da leitura aposta na internet como aliada dos textos, já que ela possibilita uma divulgação em grande escala. Segundo ele, há uma mudança na forma e no suporte que vai influenciar o próprio hábito da leitura.

CHARTIER, R. Roger Chartier fala sobre analfabetismo digital. **Nova Escola**, n. 263, maio 2013. Entrevista. Disponível em: <http://acervo.novaescola.org.br/formacao/roger-chartier-fala-analfabetismo-digital-leitura-livros-747601.shtml>. Acesso em: 7 dez. 2016.

Roger Chartier, em entrevista publicada na revista *Nova Escola*, comenta as diferenças entre o livro impresso e o digital. Chartier assevera que o meio digital tem outras maneiras de transmitir o conhecimento às pessoas, para além das ilustrações usadas nos materiais impressos. Nas mídias digitais e na internet, é possível inserir vídeos, animações, mensagens sonoras e outras possibilidades interativas de leitura.

CHOPPIN, A. O manual escolar: uma falsa evidência histórica. **História da Educação**, Pelotas, v. 13, n. 27, p. 9-75, jan./abr. 2009. Disponível em: <http://seer.ufrgs.br/asphe/article/view/29026>. Acesso em: 7 dez. 2016.

Em artigo da revista *on-line História da Educação*, publicado em 2009, Alain Choppin comenta a natureza e a identidade do manual escolar. O autor também trata de outras questões ligadas à categorização e à tipologia desse material diversificado: o livro e sua edição escolar. Além disso, o pesquisador francês comenta que o formato e a diversificação da oferta dos instrumentos educativos não dependem somente das evoluções técnicas, constituindo-se em expressão de uma evolução social e pedagógica.

FANTIN, M. Midiaeducação em debate. **Revista Pontocom**, 17 maio 2008. Entrevista. Disponível em: <http://www.revistapontocom.org.br/entrevistas/midiaeducacao-em-debate-5>. Acesso em: 7 dez. 2016.

A pesquisadora Monica Fantin, em entrevista à *Revista Pontocom*, versa sobre o conceito de midiaeducação e explora essa ideia na perspectiva dos jovens nativos digitais, acostumados a navegar na internet e a utilizar as tecnologias digitais.

LER livro impresso prejudica menos o sono que leitura em tablet. **G1**, 23 dez. 2014. Ciência e Saúde. Disponível em: <http://g1.globo.com/ciencia-e-saude/noticia/2014/12/ler-livro-impresso-prejudica-menos-o-sono-que-leitura-em-tablet-diz-estudo.html>. Acesso em: 7 dez. 2016.

Trata-se de uma matéria do portal *G1* a qual evidencia que a leitura de livro impresso prejudica menos o sono que leitura em *tablet*, conforme apontou um estudo divulgado na revista *PNAS*, da Academia Americana de Ciências.

GEENF – Grupo de Estudo e Pesquisa em Educação Não Formal e Divulgação em Ciência. Disponível em: <http://www.geenf.fe.usp.br>. Acesso em: 7 dez. 2016.

O Grupo de Estudo e Pesquisa em Educação Não Formal e Divulgação em Ciência (Geenf), criado em 2002, desenvolve pesquisas sobre ações educativas e materiais didáticos e atua em parceria com instituições museológicas, como zoológicos, aquários e centros de ciências. No *site*, há outros materiais desenvolvidos para o ensino de ciências, além de vídeos sobre as exposições e os propósitos educativos.

GUIMARÃES, C.; POLATO, A. Escolas particulares adotam os livros digitais: quais são as vantagens para professor e aluno? **Época**, 18 mar. 2013. Disponível em: <http://revistaepoca.globo.com/vida/noticia/2013/03/escolas-particulares-adotam-os-livros-digitais.html>. Acesso em: 7 dez. 2016.

Alunos de escolas particulares usam aplicativos nas aulas de Química no ensino fundamental. O uso de *softwares* de simulação de modelos e processos pode contribuir com o ensino de conteúdos de Química. O assunto discutido na reportagem, com as vantagens e desvantagens da substituição dos livros impressos por *tablets* e aplicativos, foi ilustrado em um infográfico.

MOÇO, A.; MARTINS, A. R. O novo perfil do professor. **Nova Escola**, n. 236, out. 2010 Disponível em: <http://acervo.novaescola.org.br/formacao/formacao-continuada/novo-perfil-professor-carreira-formacao-602328.shtml>. Acesso em: 7 dez. 2016.

> Nessa reportagem, são apresentadas as principais características do professor do século XXI. O pesquisador Rubens Barbosa, da Universidade de São Paulo (USP), confirma a importância de mediar e do papel do professor na construção do conhecimento em sala de aula.

PECHI, D. Como usar as redes sociais a favor da aprendizagem. **Nova Escola**, out 2011. Disponível em: <https://novaescola.org.br/conteudo/240/redes-sociais-ajudam-interacao-professores-alunos>. Acesso em: 7 dez. 2016.

> A reportagem de Daniele Pechi oferece um panorama sobre redes sociais, abordando suas funcionalidades e potencialidades, além de apresentar orientações para o uso em sala de aula e de comentar a contribuição das principais ferramentas de comunicação.

ROJO, R. Rumo aos novos letramentos. **Revista Educação**, ago. 2011. Entrevista. Disponível em: <http://alb.org.br/revista-educacao-rumo-aos-novos/>. Acesso em: 7 dez. 2016.

> Em entrevista publicada em 2011, a educadora Roxane Rojo apresenta uma análise sobre os livros didáticos utilizados por crianças no período de alfabetização. A autora observa que o livro didático já é intertextual, intercalando notícias, literatura e textos do cotidiano, embora prevaleça o formato impresso, sem versão com CDs, vídeos, áudios etc.

SAMPAIO, F. A. de A.; CARVALHO, A. F. de. **A arte de avaliar**: quando a avaliação precisa ser avaliada. Disponível em: <http://www.abrale.com.br/wp-content/uploads/a-arte-avaliar.pdf>. Acesso em: 7 dez. 2016.

> Os pesquisadores Francisco Azevedo de Arruda Sampaio e Aloma Fernandes de Carvalho comentam a atuação do Programa Nacional do Livro Didático (PNLD) e discutem as limitações das avaliações pedagógicas desses materiais. A publicação das avaliações com parecer negativo para a coleção de autoria dos pesquisadores foi feita para divulgar os critérios usados pelos avaliadores.

SANTAELLA, L. **As novas linguagens e a educação**. Entrevista. Disponível em: <http://www.plataformadoletramento.org.br/em-revista-entrevista-detalhe/651/lucia-santaella-as-novas-linguagens-e-a-educacao.html>. Acesso em: 7 dez. 2016.

As tecnologias digitais ou a revolução digital estão transformando a comunicação; é importante refletir sobre quais serão as mudanças que isso trará para a educação. Na entrevista dada ao portal Plataforma do Letramento, a pesquisadora Lucia Santaella aponta que, em relação ao ser humano, essas transformações não serão apenas mentais, mas também corporais e moleculares.

SÃO PAULO (Estado). Fundação Bienal. **Material educativo**. Disponível em: <http://bienal.org.br/publicacoes.php>. Acesso em: 7 dez. 2016.

Conheça alguns materiais educativos da Bienal de São Paulo, com base em informações do Laboratório de Material Educativo, que realizou, durante a itinerância do Programa Educativo da Bienal de São Paulo, entre outros eventos, um encontro com professores da rede de educação básica da cidade de Itu (SP).

SERGIPE (Estado). Fundação Estadual de Saúde. **Material didático-pedagógico**. Coleção de Materiais Didático-Pedagógicos de Educação Permanente. Aracaju, 2011. Disponível em: <http://www.funesa.se.gov.br/modules/tinydo/index.php?id=198>. Acesso em: 7 dez. 2016.

Essa coleção é composta por oito volumes, dirigidos à gestão do Sistema Único de Saúde do Estado de Sergipe, no âmbito da educação permanente, além de um volume adicional destinado à educação profissional. Um livro dedicado ao facilitador com orientações pedagógicas e outro voltado para o aprendiz acompanham cada um dos volumes da coleção.

Respostas

Capítulo 1

Atividades de autoavaliação

1. a
2. a
3. b
4. c
5. a

Atividades de aprendizagem

Questões para reflexão

1. O historiador francês da cultura Chartier defende essa vinculação, que possibilita materializar o conteúdo, ao afirmar que o texto não existe fora dos suportes materiais que permitem sua leitura (ou sua visão) nem fora da oportunidade na qual ele pode ser lido (ou de sua audição). Opinião do aluno.
2. O jogo eletrônico educativo *Mata Atlântica – O bioma onde eu moro* é disponibilizado sem custos. Ele é dirigido aos estudantes de ensino fundamental e vem acompanhado de um guia para o professor. As escolas podem solicitar capacitação para seu uso. O jogo funciona com dois *mouses*, permitindo que dois alunos participem da atividade lúdica, respondendo a perguntas que devem ser decididas pela dupla. A aprendizagem sugerida é ativa e exploratória e envolve informações sobre os biomas e os animais de cada lugar. O jogo não depende de acesso à internet, o que facilita o uso em escolas sem conexão. Opinião do aluno.
3. O mercado editorial adota um conceito ampliado para o material, incluindo recursos pedagógicos, os quais se dividem em produtos pedagógicos e material instrucional. Opinião do aluno.

Capítulo 2

Atividades de autoavaliação

1. d
2. a
3. c
4. a
5. b

Atividades de aprendizagem

Questões para reflexão

1. É importante refletir sobre a elaboração das exposições e a diversificação das ações educativas para compreender as relações entre essas proposições e os visitantes e, consequentemente, para obter melhor adequação às especificidades do público-alvo (faixa-etária, perfil sociocultural, escolaridade, contexto pessoal etc.).

2.
    1. Ampliação do público;
    2. Realização de ações de base com as partes interessadas específicas (comunidades locais, professores, parceiros institucionais etc.);
    3. Engajamento na discussão sobre educação em museus e comunicação de diferentes partes da sociedade;
    4. Enfrentamento, entre outras ações, das questões interculturais, de raça, de gênero, de etnia etc. Opinião do aluno.

Capítulo 3

Atividades de autoavaliação

1. b
2. a
3. d
4. a
5. a

Atividades de aprendizagem

Questões para reflexão

1. Sugestão de resposta: A Pinacoteca de São Paulo oferece vários programas educativos e disponibiliza algumas atividades *on-line*. Um aplicativo sobre a identificação visual das obras de arte é apresentado como um jogo de perguntas e respostas. Com três níveis de dificuldade, é possível identificar as obras pela descrição dos elementos da composição. O jogo objetiva ampliar o contato do público com a arte brasileira. As obras integram o acervo da Pinacoteca. O aplicativo utiliza uma descrição da obra, pela cor e pelo tema, que pode aproximar-se dos estágios evolutivos prescritos por Michael Parsons sobre a leitura de imagens, no caso específico do primeiro estágio, quando o juízo de valor ficaria restrito às emoções e às experiências de cada indivíduo.
A síntese pode conter as seguintes informações: aplicativo *on-line*, com perguntas e respostas; atividade com tema sobre obras de arte e dados da ficha técnica; objetivos de reconhecer e identificar obras artísticas que integram a história da arte brasileira; vários níveis de dificuldade, faixa etária não especificada.

ROSSI, M. H. W. A compreensão do desenvolvimento estético. In PILLAR, A. D. (Org.) **A educação do olhar no ensino das artes**. Porto Alegre: Mediação, 2001. p.23-35.

MUSEU PARA TODOS. **Qual é a obra.** Arte no Brasil: Uma história na Pinacoteca de São Paulo. Disponível em: <http://www.museuparatodos.com.br/museuparatodos/?c=908> Acesso em: 7 dez. 2016.

2. Sugestão de resposta. O documentário *Pro dia nascer feliz*, de João Jardim, mostra um inventário sobre o cotidiano escolar de jovens com base em dados sobre a educação da década de 1960. Exibido por um canal informativo da época, ele foca os anos de 2000. São investigadas escolas em diversos estados brasileiros e apresentam-se entrevistas com professores e alunos. Procura-se retratar os sentimentos e desejos dos jovens estudantes e oferece uma visão do sistema escolar e suas contradições, com base em diferentes contextos sociais, econômicos e culturais. É um filme sobre a escola pública e privada, sobre seus contrastes e diferenças no que diz respeito ao ensino, ao trabalho docente e à educação. É indicado para cursos de licenciatura, alunos e recém-graduados. Possibilita uma discussão da realidade educacional do período investigado e oferece um ponto de vista sobre a importância da educação.

PRO dia nascer feliz. Direção: João Jardim. Brasil: Globo Filme, 2007. 88 min.

Capítulo 4

Atividades de autoavaliação

1. c
2. a
3. b
4. d
5. a

Atividades de aprendizagem

Questões para reflexão

1. O termo *hipertexto* foi cunhado pelo filósofo americano Theodor Nelson com base em investigações realizadas em um projeto precursor sobre a lógica do pensamento, em suas próprias suposições sobre o futuro das redes de computadores e na identificação de uma capacidade não linear de escrita dos textos. Essa ideia foi fundamental para a criação da *web*, que começou com textos e hiperligações, reunindo páginas com associações entre imagens, sons e, depois, vídeos.
A multimídia consiste de um conjunto de meios utilizados de forma linear para a comunicação de um conteúdo, produto baseado em computador ou outro dispositivo, que permite a integração de gráficos, animações, vídeo, áudio etc.

O incremento das qualidades e das linguagens de programação contribuiu para o surgimento da hipermídia, com mais recursos de navegabilidade, interação e acesso a um número maior de documentos e arquivos audiovisuais. Essas ferramentas foram acrescentadas às primeiras potencialidades do hipertexto.
2. Sugestão de resposta: Os recursos básicos da hipermídia são o acesso e a navegação não linear entre os conteúdos – textos, fotos, gráficos, animações e vídeos; em resumo, navegabilidade e interatividade.

Capítulo 5

Atividades de autoavaliação

1. d
2. b
3. a
4. a
5. a

Atividades de aprendizagem

Questões para reflexão

1. Sugestão de resposta: O uso de recursos *on-line* para a impressão de exemplares de acordo com a demanda (*print-on-demand*) permite eliminar o estoque e publicar tiragens pequenas para atender à necessidade dos consumidores. O surgimento desse processo eletrônico de impressão contribui para a inclusão cada vez maior da oferta dos serviços editoriais, combinada às práticas de comércio eletrônico na internet.
    a. POD EDITORA. Disponível em: <http://www.podeditora.com.br/>.
    b. A empresa sueca Meganews oferece um acervo de revistas e publicações que são impressas conforme a solicitação do usuário e disponibiliza quiosques em aeroportos e estações de metrô com a proposta de atender a solicitações de impressão das publicações em poucos minutos.
    Disponível em: <http://www.meganews.com/>.
    c. A empresa Singular Digital oferece serviços para produtores de conteúdo, editoras, gravadoras e varejistas, atuando como integradora e distribuidora de conteúdos digitais em multimídia. Dispõe de equipe com extensa experiência em tecnologia, internet e *publishing*.
    Disponível em: <https://singulardigital.wordpress.com/about/>.

2. Sugestão de resposta: É possível selecionar material desenvolvido em enciclopédias *on-line* e depois imprimi-lo. O resultado é uma compilação de informações, mas é preciso conhecer o conteúdo e discernir sobre a finalidade da publicação. Há uma variedade de temas, e os resultados também variam em relação ao interesse ou conhecimento prévio do pesquisador.

O livro *Bussiness of Art* oferece questões panorâmicas sobre o funcionamento do mundo da arte ou de seu sistema. O mérito da coletânea é reunir o assunto sobre determinado tema, com informações atualizadas e permitindo uma visão sobre o mercado internacional.

A enciclopédia Wikipedia-Books oferece uma lista de publicações disponíveis. Nela é possível visualizar o conteúdo, o sumário e até alguns capítulos, além das referências.

Disponível em: <http://pediapress.com/>.

Capítulo 6

Atividades de autoavaliação

1. a
2. c
3. d
4. a
5. b

Atividades de aprendizagem

Questões para reflexão

1. Sugestão de resposta:

| 1.1 | Levantamento | Descrição, aspectos gerais, informações etc. | Pré-projeto (versão preliminar) |

No fôlder complementar para o Caderno Educativo produzido pelo Itaú Cultural para a exposição Moderna para Sempre – Fotografia Modernista Brasileira na Coleção Itaú, que aconteceu em 2014 na sede da instituição, foram apresentados alguns conceitos e seus significados sobre o tema da exposição.

Descrição: formato caderno, com 18 páginas, imagens em preto e branco ou sépia. Disponível no *site* do Itaú Cultural ou na plataforma ISSUU.

Aspectos gerais: material educativo, complementar, apresenta conceitos utilizados no caderno educativo da mostra, contém glossário, imagens; dirigido ao professor e estudante de arte, mas também ao público visitante da exposição.

Informações: o material contém informações sobre a história da fotografia, estilos, período moderno da fotografia e terminologia. Orientação das atividades do tipo pergunta e respostas. Contém referências. MODERNA para sempre: Fotografia modernista brasileira na Coleção Itaú. Disponível em: <http://d3nv1jy4u7zmsc.cloudfront.net/wp-content/uploads/2014/01/caderno_educativo_modernaparasempre_conceitos.pdf>. Acesso em: 7 dez. de 2016.

2. Sugestão de resposta: Esse material educativo é dirigido ao público visitante da exposição, livre para todos os públicos. No entanto, pode ser utilizado pelo professor de Arte para preparar seus alunos antes da visita à exposição ou para desejar contextualizar o tema, com foco na fotografia moderna brasileira. O assunto *fotografia* aparece no currículo do ensino básico do Paraná, na 7ª e 8ª séries, nos conteúdos estruturantes, técnicas – fotografia.

Sobre a autora

Denise Bandeira é bacharel em Engenharia Civil pela Universidade Federal do Paraná (UFPR). É especialista em História da Arte, História da Arquitetura e Artes Plásticas pela Pontifícia Universidade Católica do Paraná (PUCPR), mestre em Educação pela UFPR e doutora em Comunicação e Semiótica pela Pontifícia Universidade de São Paulo (PUCSP).

É professora associada da Universidade Estadual do Paraná (Unespar), atua como docente no curso de Licenciatura em Artes Visuais e no mestrado em Artes do Programa de Pós-Graduação do Campus Curitiba II FAP/Unespar. Tem experiência no desenvolvimento de material didático para o ensino de Arte.

Foi eleita representante para a área de Artes Visuais do Conselho Estadual de Cultura do Paraná (gestão 2015-2016) e atua como representante estadual do Colegiado Setorial de Artes Visuais, no Conselho Nacional de Política Cultural / Ministério da Cultura (CNPC/MINC) (gestões 2010-2012 e 2013-2014). Coordenou projetos de inovação tecnológica para aplicativos de entretenimento de aparelhos móveis, com apoio do Conselho Nacional de Desenvolvimento Científico e Tecnológico (CNPq) e da Financiadora de Estudos e Projetos (Finep), entre 2003 e 2004. Em 2006, recebeu o Prêmio NTT Docomo, em Tóquio, no Japão, pelo Virtual Pet Game, um aplicativo de entretenimento para telefonia móvel. Coordenou um dos núcleos do Projeto Interinstitucional da Universidade do Vale do Itajaí (Univali) para a produção de um jogo didático para PC, com apoio do CNPq e da Finep, entre 2005 e 2007. Também participou de eventos, seminários e simpósios, tais como:

- I Congresso Internacional de Estéticas Tecnológicas (PUCSP);
- SB GAMES 2006 (SP);
- II Seminário de Jogos Eletrônicos, Educação e Comunicação (UFBA);
- Isea 2008 – International Symposium on Electronic Art, em Cingapura;
- III Gamepad (Feevale), no Rio Grande do Sul;
- Encontro Internacional de Arte e Tecnologia, em Brasília (UnB);
- 6th International Conference on Digital Arts – Artech, em 2012, na Universidade do Algarve, na cidade de Faro, em Portugal.

Além disso, participou de diversos projetos artísticos. Entre 2010 e 2011, integrou o coletivo de criação Zênite, com produção de desenhos, objetos, fotografias, portfólio virtual e audiovisual *stopmotion*. Em 2012, seu trabalho integrou a I Biennial of European and Latin America Contemporary Art (Bela), na cidade de Porto, em Portugal. Em 2013, participou da Exposição Itinerante Passaúna, apresentada no Espaço Cultural Lapa, no Paraná e na AVA Galleria, em Helsinque, na Finlândia.

Impressão:
Abril/2023